백신은 똑똑해

일러두기 이 책은 원서에 수록된 네덜란드의 일부 상황을 우리나라 실정에 맞게 수정하여 소개합니다.

백신은 똑똑해

2022년 10월 25일 초판 1쇄 인쇄
2022년 11월 15일 초판 1쇄 발행

글쓴이	마르크 판란스트·헤이르트 바우카에르트
그린이	카팅카 판데르산더
옮긴이	신동경
펴낸이	김상미, 이재민
편집	정진라
디자인	나비
종이	다올페이퍼
인쇄	청아디앤피
제본	비춤바인텍
펴낸곳	(주) 너머_너머학교
주소	서울시 서대문구 증가로20길 3-12 1층
전화	02)336-5131, 335-3366, 팩스 02)335-5848
등록번호	제313-2009-234호
ISBN	978-89-94407-41-8 77400
	978-89-94407-89-0 77400(세트)

© 2021, Lannoo Publishers. For the original edition.
Original title: *Schrik je van een prikje? Al je vragen over vaccinatie beantwoord.*
Translated from the Dutch language.
www.lannoo.com
© 2022, Nermer. For the Korean edition.
All rights reserved.
Korean translation rights arranged with Lannoo Publishers through Orange Agency.

www.nermerbooks.com
너머북스와 너머학교는 좋은 서가와 학교를 꿈꾸는 출판사입니다.

백신은 똑똑해

마르크 판란스트 · 헤이르트 바우카에르트 글
카팅카 판데르산더 그림 | **신동경** 옮김 | **이재갑** 감수

너머학교

차례

왜 백신 접종을 받아야 할까요?
1. 백신은 어떤 질병으로부터 우리를 보호할까요? 6
2. 바이러스와 박테리아는 어떻게 우리를 아프게 할까요? 8
3. 백신을 맞으면 우리 몸에서 어떤 일이 벌어질까요? 10
4. 아기였을 때 홍역 백신을 맞았는데 왜 다시 백신을 접종해야 할까요? 12
5. 왜 남자들도 자궁 경부암 예방 백신을 맞아야 할까요? 14

여러분이 이미 접종한 백신은 무엇일까요?
1. DTaP-IPV/Hib 백신이 무엇일까요? 18
2. 폐렴구균이 무엇일까요? 20
3. MMR 백신으로 예방할 수 있는 질병은 무엇일까요? 22
4. 어떤 백신이 수막염을 예방할까요? 24
5. 수두를 일으키는 바이러스는 또 무슨 병을 일으킬까요? 26

언제부터 백신을 접종했을까요?
1. 누가 백신을 발명했을까요? 30
2. 미생물이 질병을 일으킨다는 걸 발견한 사람은 누구일까요? 32
3. 소아마비를 몰아낸 사람은 누구일까요? 34
4. 독감 백신은 누가 개발했을까요? 36
5. mRNA 백신이 무엇일까요? 38

코로나19 백신은 안전한가요?
1. 코로나19 백신에는 어떤 종류가 있고, 어떻게 작용할까요? 42
2. 코로나19 백신을 너무 빨리 개발해서 시험을 충분히 못 한 것은 아닌가요? 44
3. 코로나19 백신을 맞으면 우리 몸의 DNA가 변하나요? 46
4. 코로나19 백신에 전자 칩이 들어 있지 않나요? 48
5. 코로나19 백신을 맞으면 침팬지로 변하지 않을까요? 50

코로나19 백신이 일상을 돌려줄까요?
1. 코로나19 백신에는 어떤 부작용이 있나요? 54
2. 백신을 접종한 뒤에도 마스크를 써야 하나요? 56
3. 백신을 맞아도 코로나19에 걸릴 수 있나요? 58
4. 모든 사람이 백신을 맞으면 어떻게 될까요? 60
5. 코로나19 바이러스가 완전히 사라져 우리 생활이 이전으로 되돌아갈 수 있을까요? 62

왜 백신 접종을 받아야 할까요?

1 백신은 어떤 질병으로부터 우리를 보호할까요?

콧물이 줄줄 흐르나요? 머리는 지끈거리고요? 눈도 아프고 목이 따끔따끔한가요? 며칠 내내 콧물이 나고 기침을 했나요? 그렇다고요? 저런, 감기에 걸렸군요. 누구나 감기에 걸려요. 어른은 일 년에 두 번에서 다섯 번 감기를 앓아요. 어린이는 네 번에서 열 번쯤 걸리지요.

어쩌면 독감에 걸린 것인지도 몰라요. 독감에 걸리면 근육이 아프고, 몸이 떨리고 열이 나요. 처음에는 귀 뒤에 붉은 반점이 생겼는데, 며칠 뒤에 얼굴과 온몸으로 번졌다고요? 그럼 홍역에 걸린 거예요. 하지만 여러분이 홍역에 걸릴 가능성은 별로 없어요. 아주 어렸을 때 홍역을 예방하는 주사를 맞았거든요. 그 주사가 바로 백신이에요.

도와줘 홍역은 전염성이 매우 강한 질병인데 바이러스가 원인이에요. 감기와 독감도 바이러스에 감염되면 걸려요. 감기와 독감은 저절로 나아요. 며칠 지나면 우리 몸이 바이러스를 물리쳐 다시 건강한 상태가 되지요. 하지만 몇몇 바이러스는 도움을 받아야 물리칠 수 있어요. 백신이 그런 도움을 준답니다. 홍역의 증상은 고열만이 아니에요. 귀도 감염될 수 있는데, 그러면 매우 아프고 심하면 귀가 멀기도 해요. 어린이에게는 폐렴을 일으키기도 해요. 홍역 바이러스는 뇌에도 침투할 수 있어요. 1960년대에 백신이 개발되기 전에는 해마다 전 세계에서 200만 명쯤 홍역에 걸려 목숨을 잃었어요. 지금은 백신 덕분에 홍역이 거의 발생하지 않아요. 다른 지독한 질병들도 그렇고요.

사라진 전염병 지구에서 영원히 사라진 유일한 전염병은 천연두예요. 1977년

  백신은 똑똑해

에 소말리아 요리사가 이 병에 걸린 게 마지막이었어요. 소아마비도 거의 사라졌어요. 소아마비 바이러스는 신경계를 공격해요. 이 바이러스에 감염되면 팔과 다리가 마비될 수 있어요. 주로 어린이한테서 그런 증상이 나타나지요. 그래서 이 질병을 소아마비라고 부르는 거예요. 소아마비는 가로막에도 피해를 줘요. 가로막은 횡격막이라고도 하는데 가슴과 배를 분리하는 납작한 근육으로 위로 불룩하게 솟아 있어요. 가로막이 줄어들었다 늘어났다 하면서 호흡이 이루어지지요.

소아마비 바이러스가 가로막을 공격하면 어린이는 숨을 거의 못 쉬었어요. 그래서 '강철폐' 속에서만 살 수 있었어요. 강철폐는 호흡을 돕는 인공호흡장치예요.

안타깝게도 거의 사라졌던 질병들이 다시 나타나고 있어요. 그런데 2000년부터 점점 많은 부모가 자녀들의 백신 접종을 거부하고 있어요. 백신이 안전하지 않다고 생각하거나 자신들의 신념을 지키느라 그러는 거예요. 그 결과로, 최근 몇 년 동안 어린이 수천 명이 홍역에 걸려 목숨을 잃었어요.

코로나 백신 2019년 12월에 SARS-CoV-2라는 새로운 코로나바이러스가 등장했어요. 우리 몸은 이 지독한 바이러스를 한 번도 만난 적이 없었어요. 그래서 우리 몸의 면역계도 이 바이러스와 싸울 방어 태세를 거의 갖추지 못했어요. 그러니까 반드시 코로나 백신을 맞아야 해요. 2022년 2월 우리나라는 다섯 살에서 열한 살 사이 어린이에게도 백신을 접종하도록 권고했어요.

백신 접종은 아파요. 주삿바늘로 팔을 찌르는데 어떻게 안 아프겠어요. 하지만 그 고통은 금방 사라져요. 무시무시한 병에 걸리는 것보다 잠깐 아프고 마는 게 훨씬 낫지 않을까요!

2 바이러스와 박테리아는 어떻게 우리를 아프게 할까요?

인간은 약 200만 년 전부터 지구에 살았어요. 정말 긴 시간이죠. 하지만 그보다 아주 오래전, 그러니까 공룡도 식물도 나타나기 전부터 온갖 종류의 미생물이 지구에 살았어요. 미생물은 너무 작아서 맨눈으로는 볼 수 없어요. 현미경을 사용해야 보이지요.

미생물은 어디에나 있어요. 우리가 마시는 공기, 발을 디디는 땅, 헤엄치며 노는 물에도 있지요. 식물과 동물, 바위와 돌, 우리가 먹는 음식에도 있어요. 심지어 우리 몸에도 수많은 미생물이 살고 있답니다! 지구 전체에 사는 사람보다 더 많은 미생물이 우리 피부에 살아요.

가장 잘 알려진 미생물은 박테리아와 바이러스예요. 바이러스는 미생물 중에서 가장 작지요. 박테리아보다도 작아요. 바이러스를 탁구공 크기로 확대한다고 생각해 봐요. 같은 비율로 확대하면 박테리아는 농구공만큼 커져요.

염증 박테리아들 가운데 대부분은 아주 유용해요. 예를 들어, 박테리아가 없으면 요구르트를 만들 수 없어요. 사람의 소화관 속에도 수백 종류의 박테리아가 사는데, 음식을 소화하는 데 꼭 필요하답니다.

박테리아가 원래 있어야 할 곳이 아니라 엉뚱한 곳에 들어가면 문제가 생겨요. 박테리아는 상처를 통해서 여러분의 몸속으로 들어갈 수 있어요. 상한 음식을 먹어도 박테리아가 우리 몸으로 들어오지요. 그렇게 들어온 박테리아가 염증을 일으키면 우리 몸이 아파요. 박테리아가 일으키는 질병으로는 콜레라와 폐결핵이 있어요. 후두염도 박테리아가 일으키지요.

바이러스는 완전히 다른 방식으로 질병을 일으켜요. 박테리아와 바이러스가 증식하는 방법이 다르기 때문이지요. 바이러스는 혼자서 증식하지 못해요. 박테리아는 할 수 있지요. 어떻게 하는지 볼까요. 박테리아 하나가 둘로 나뉘어요. 새로 생긴 두 박테리아가 또 둘로 나뉘어요. 그러면 넷이 돼요. 넷이 또 분열하면, 여덟이 되지요. 이런 일이 계속 일어나요. 박테리아는 20분에 한 번씩 분열해요. 열 시간이 지나면, 박테리아 한 마리가 수백만 마리가 된답니다.

복제 바이러스는 다른 생명체에 들어가야만 증식할 수 있어요. 바이러스가 침투하는 생명체를 숙주라고 불러요. 바이러스는 숙주의 세포에 달라붙어요. 우리 몸의 세포가 복제기를 잔뜩 실은 배라고 상상해 봐요. 바이러스는 배를 공격하는 해적과 같아요. 배를 장악한 해적들은 복제기를 이용해 자신들과 똑같은 해적들을 마음껏 찍어 내요. 그렇게 해서 새로 생긴 해적들은 배를 떠나 다른 배를 공격하러 가요. 바이러스는 이런 방법으로 우리 몸을 공격하는데, 그걸 감염이라고 해요. 바이러스에 감염되면 감기, 독감, 심지어는 코로나19를 앓을 수도 있어요. 질병의 종류는 감염된 바이러스 종류에 따라서 달라져요.

3 백신을 맞으면 우리 몸에서 어떤 일이 벌어질까요?

튼튼한 성 낯선 침입자가 몸에 들어오면, 우리 몸의 방어 체계가 즉각 행동에 나서요. 이 방어 체계를 면역계라고 하지요. 백혈구가 항체를 만들고, 항체가 우리를 아프게 하는 박테리아나 바이러스를 공격해요.

우리 몸이 성이라고 상상해 봐요. 백혈구는 적군으로부터 성을 지키는 기사들이에요. 적군이 만만치 않게 강해서 곧 성을 점령할 거 같다고요? 그러면 기사들이 무기를 더 많이 만들어서 적군을 죽이거나 몰아내지요.

날아다니는 바이러스 바이러스는 코를 통해 우리 몸에 들어오기도 해요. 그러면 몸의 면역계가 콧물을 흘리고 재채기를 하게 하지요. 이런 방법으로 바이러스가 몸의 다른 부분으로 들어가지 못하게 막는 거예요. 재채기할 때 바이러스가 날아가 버리니까요. 하지만 이렇게 날아간 바이러스가 다른 사람을 감염시킬 수도 있어요. 재채기하면서 내뿜는 콧물에 바이러스가 잔뜩 들어 있기 때문이지요.

바이러스에 감염되었다고요? 그렇다면 다른 사람의 콧물을 몇 방울 들이마셨을 거예요. 아니면, 여러분의 손에 바이러스가 들어 있는 콧물이 묻었는데, 그걸 모르고 코나 눈을 비볐을지도 모르죠. 그런 방법으로도 바이러스에 감염되니까요.

여러분이 바이러스에 감염된 채로 문을 연다고 해 봐요. 그러면 바이러스가 문손잡이에 묻어요. 누군가 그 문손잡이를 잡고 문을 열면, 바이러스가 그 사람의 손에 묻게 되지요. 이런 식으로 감기, 독감, 코로나19 같은 질병이 사람한테서 사람으로 전염돼요.

백신은 똑똑해

그래서 손을 깨끗하게 자주 씻는 게 중요해요. 재채기나 기침을 할 때는 휴지나 팔꿈치로 입을 가려야 하지요. 마스크도 잘 써야 하고요.

훈련 지금 아프다고요? 아, 아주 심하지는 않군요. 그럼 금방 나을 거예요. 우리 몸의 기사들이 싸우고 있으니까요. 기사들이 곧 바이러스를 물리칠 거예요. 언제나 이렇게 쉽게 끝나면 좋겠는데, 요즘 우리 몸은 새로 나타난 코로나바이러스를 상대하느라 힘들어요. 우리 면역계는 이 바이러스를 몰라요. 기사들이 한 번도 싸워 본 적 없는 적과 맞서고 있는 거예요. 이럴 때는 기사들을 훈련하여 새로운 적과 잘 싸우도록 해야 하지요. 우리 몸의 기사들을 훈련하는 것, 그게 백신이 하는 일이에요.

힘 빠진 바이러스 우리가 맞는 백신도 바이러스예요. 아주 약하게 만든 바이러스지요. 너무 힘이 없어서 우리 몸에 들어와도 병을 일으키지 못해요. 하지만 우리 몸에 들어온 낯선 침입자이기는 하지요.
성의 감시탑을 지키던 한 기사가 힘 빠진 바이러스가 다가오는 걸 발견해요. 그 꼴을 보고 기사가 생각해요. '저 녀석은 나 혼자서 상대해도 되겠어.' 당장 달려 나가서 싸우려는데 이런 생각이 들어요. '저 녀석보다 힘센 녀석들이 올 수도 있잖아.' 기사는 성의 기사들을 잔뜩 불러 모아요. 그리고 무기를 최대한 모으지요.
얼마 뒤, 정말로 힘센 바이러스들이 성을 점령하러 다가와요. 하지만 성공하지 못해요. 우리 몸의 기사단이 그놈들의 정체를 즉시 알아채는 데다가 기사도 많고 단단히 무장하고 있으니까요. 우리 몸이 이렇게 싸울 준비가 되어 있는 상태를 면역이라고 해요. 면역이 되어 있으면 바이러스가 침입해도 병에 걸리지 않아요. 혹시 걸리더라도 약하게 앓고 지나가지요.

4 아기였을 때 홍역 백신을 맞았는데 왜 다시 백신을 접종해야 할까요?

여러분은 오래전에 홍역 예방 백신을 한 번 맞았어요. 아마 전혀 기억하지 못할 거예요. 태어난 지 1년쯤 되었을 때 일이니까요. 여러분은 아기였을 때, 홍역 말고도 온갖 백신을 맞았어요. 그걸로 여러분은 수많은 지독한 질병으로부터 평생 보호받을 수 있어요. 평생 보호한다면서 왜 네 살에서 여섯 살 사이에 홍역 예방 백신을 또 맞아야 하느냐고요? 생각만 해도 끔찍한 바늘을 왜 팔에다 또 찌르려는 거냐고요? 기사들이 쓰는 창과 칼은 늘 날카롭게 갈아 놓아야 하거든요!

보충 훈련 홍역 바이러스는 전염성이 아주 강해요. 우리 기사들을 해치우려고 자기가 할 수 있는 모든 것을 하지요. 그래서 우리 기사들에게 보충 훈련을 시켜야 해요.

우리는 엄마로부터 물려받은 항체를 가지고 태어나요. 열두 달이 지나면, 그 항체가 사라져요. 그즈음에 의사들이 1차 접종을 해요. 우리 몸에 약한 홍역 바이러스를 주입하는 거죠. 그러면 백혈구들이 항체를 만들고, 항체가 약한 침입자들을 물리쳐요. 좋은 소식은 우리 기사들이 자기들이 물리친 약한 침입자들의 생김새를 기억한다는 거예요. 이제 기사들의 머릿속에는 진짜 홍역 바이러스의 모양이 콕 박혀 있어요(백신의 약한 바이러스가 진짜 홍역 바이러스와 거의 비슷하게 생겼거든요).

2차 접종은 기사들에게 이렇게 일깨우는 거예요. "적이 아직 남아 있다! 정신 바짝 차려라! 북을 울려 기사들을 모으고, 무기를 준비하라!" 홍역 예방 백신 1차 접종을 한 어린이 가운데 95퍼센트는 병에 걸리지 않아요. 2차 접종을 하면, 99퍼센트를 보호할 수 있지요.

허둥대지 마 코로나바이러스 같은 새로운 바이러스를 예방할 때도 보충 훈련이 필요해요. 그래서 코로나 백신을 두 번씩 맞는 거예요. 1차 접종을 하면, 감시탑을 지키던 보초병이 새롭고 낯선 적이 다가오는 것을 발견하고 경고 종을 울려요. 그래도 전체 군대가 공격에 나서지는 않아요. 허둥댈 필요는 없어요! 낯선 적이 많이 위험해 보이지는 않거든요. 힘 빠진 바이러스니까요.
몇 주 뒤에 2차 접종을 해서 힘 빠진 바이러스가 다시 성문 앞에 나타난다면? 우리 몸의 군대가 바짝 긴장하기 시작해요. 저 녀석이 다시 왔어. 또 올까? 얼마나 많이 올까? 나중에 올 녀석들도 힘 빠진 바이러스일까? 이러면서 군대가 강한 바이러스의 총공격에 맞설 준비를 하는 거지요.

변장 바이러스도 제법 똑똑해요. 바이러스는 끊임없이 성에 침입할 기회를 노려요. 우리 몸의 기사들을 속이려고 시도하기도 한답니다. 그 방법 가운데 하나가 변장이에요. 새로 나타난 코로나바이러스는 벌써 몇 차례나 변장으로 모습을 바꾸었어요. 과학자들은 변장한 바이러스를 변이라고 불러요.
가장 교활한 건 독감 바이러스예요. 독감 바이러스들은 해마다 새 외투를 입고 나타나요. 그래서 사람들이 해마다 독감 예방 백신을 맞는 거예요. 지난해에 맞은 백신은 새로 나타난 독감 바이러스 변이에는 효과가 없어요. 다른 모습으로 변장해서 나타난 적과 싸우려면 우리 몸의 기사들을 해마다 다시 가르쳐야 해요.

5 왜 남자들도 자궁 경부암 예방 백신을 맞아야 할까요?

220종류 HPV는 인유두종바이러스(Human Papilloma Virus)의 약자예요. 이 바이러스는 220종류가 넘는데, 그 가운데 16형과 18형이 자궁 경부암을 일으켜요. 자궁 경부암은 유방암 다음으로 여자가 많이 걸리는 암이에요.
보통 HPV 감염은 저절로 나아요. 우리 몸의 면역계가 바이러스를 제거하지요. 하지만 가끔 바이러스 일부가 몸에 숨어 있다가 자궁 세포를 공격하기도 해요. 그러면 몇 년 뒤에 암이 발생할 수 있어요. 백신으로 이 암을 예방할 수 있어요. 백신을 접종하면 자궁 경부암에 걸릴 가능성을 90퍼센트나 낮출 수 있어요.

주사는 두 방 자궁 경부암을 예방하는 백신은 1차 접종을 하고 나서 6개월 뒤에 2차 접종을 해요. 왜 두 번씩이나 맞냐고요? 대답을 알고 싶다면, 한 장 뒤로 넘겨서 다시 읽어 보세요. 2차 접종까지 마치면, 최소한 10년 동안 자궁 경부암을 일으키는 바이러스로부터 보호받을 수 있어요. 백신 접종으로 생긴 항체가 여러분의 몸에 더 오래 머물지도 몰라요. 그건 이 백신을 더 오랫동안 더 많은 사람에게 접종해 본 뒤에야 분명해질 거예요. 만약 5년이나 10년이 지나면 항체가 잠들어 버린다는 연구가 발표되면 어떻게 하느냐고요? 그러면 어른이 되어서 한 방 더 맞으면 되지요. 항체 군대가 다시 깨어날 테니까요.

접종은 섹스 전에 HPV는 주로 밀접한 성적 접촉으로 전파돼요. 섹스 말이에요. 또한, 특히 성기 주변의 피부 접촉으로도 바이러스가 옮을 수 있어요. 손과 손가락을 통해서도 전파되지요. 그래서 섹스를 시작하기 전에 백신을 맞

  백신은 똑똑해

아야 하는 거예요. 그렇다고 너무 걱정하지는 말아요. 키스는 괜찮으니까요. 2022년부터 우리나라에서는 만 13세에서 17세 여성 청소년, 만 18세에서 26세 저소득층 여성은 보건소와 지정의료기관에서 무료로 예방 백신을 맞을 수 있어요. 플랑드르 지역에서는 2019년부터 남자 어린이와 청소년도 무료로 백신을 맞게 되었어요. 네덜란드에서는 2020년부터 시작했지요. 왜 남자도 백신을 맞아야 할까요? 남자는 자궁 경부암에 걸리지 않는 거 아닌가요? 맞아요, 남자는 안 걸려요. 하지만 HPV를 보유하고 있다가 여자에게 옮길 수는 있어요. 그리고 남자도 이 바이러스에 감염되면, 성기, 항문, 목 또는 목구멍에 암이 생길 수 있어요. 또 남자들은 이 백신을 맞으면 생식기에 생기는 사마귀를 예방할 수도 있어요.

비옷 콘돔을 끼고 섹스를 하면 HPV에 감염될 위험을 줄일 수 있어요. 하지만 감염을 완전히 막지는 못해요. 그렇다고 백신 접종을 한 뒤에는 콘돔을 사용하지 않고 섹스를 해도 된다는 뜻은 아니에요. 자궁 경부암 예방 백신이 다른 성병이 옮는 걸 차단하는 건 아니거든요. 그러니까 섹스를 할 때는 언제나 성기에 비옷을 입혀 주세요!

얼마나 알고 있나요?

문제 1 백신은 우리 몸이 바이러스를 물리치도록 돕는다.
  A) 참   B) 거짓

문제 2 소아마비를 일으키는 것은?
  A) 박테리아   B) 바이러스   C) 화학물질

문제 3 일부 부모가 자녀에게 백신을 접종하지 않는 이유는?
  A) 자신들의 신념에 어긋나기 때문에   B) 백신이 안전하지 않다고 여기기 때문에   C) 둘 다

문제 4 후두염을 일으키는 것은?
  A) 감기   B) 바이러스   C) 박테리아

문제 5 예방 백신 접종으로 소아마비는 완전히 사라졌다.
  A) 참   B) 거짓

문제 6 어떤 병에 걸리지 않게 된 상태를 가리켜 '이것'이라고 한다.
  A) 면제   B) 면죄   C) 면역

문제 7 항체를 만드는 것은?
  A) 백혈구   B) 적혈구   C) 청혈구

문제 8 바이러스는 코를 통해 몸에 침투하기도 한다.
  A) 참   B) 거짓

문제 9 바이러스는 모습을 바꾸는데, 과학자들이 이것을 무엇이라고 부를까?
  A) 변장   B) 무장   C) 변이

문제 10 남자도 자궁 경부암에 걸린다.
  A) 참   B) 거짓

정답 1) A, 2) B, 3) C, 4) B·C, 5) B, 6) C, 7) A, 8) A, 9) C, 10) B

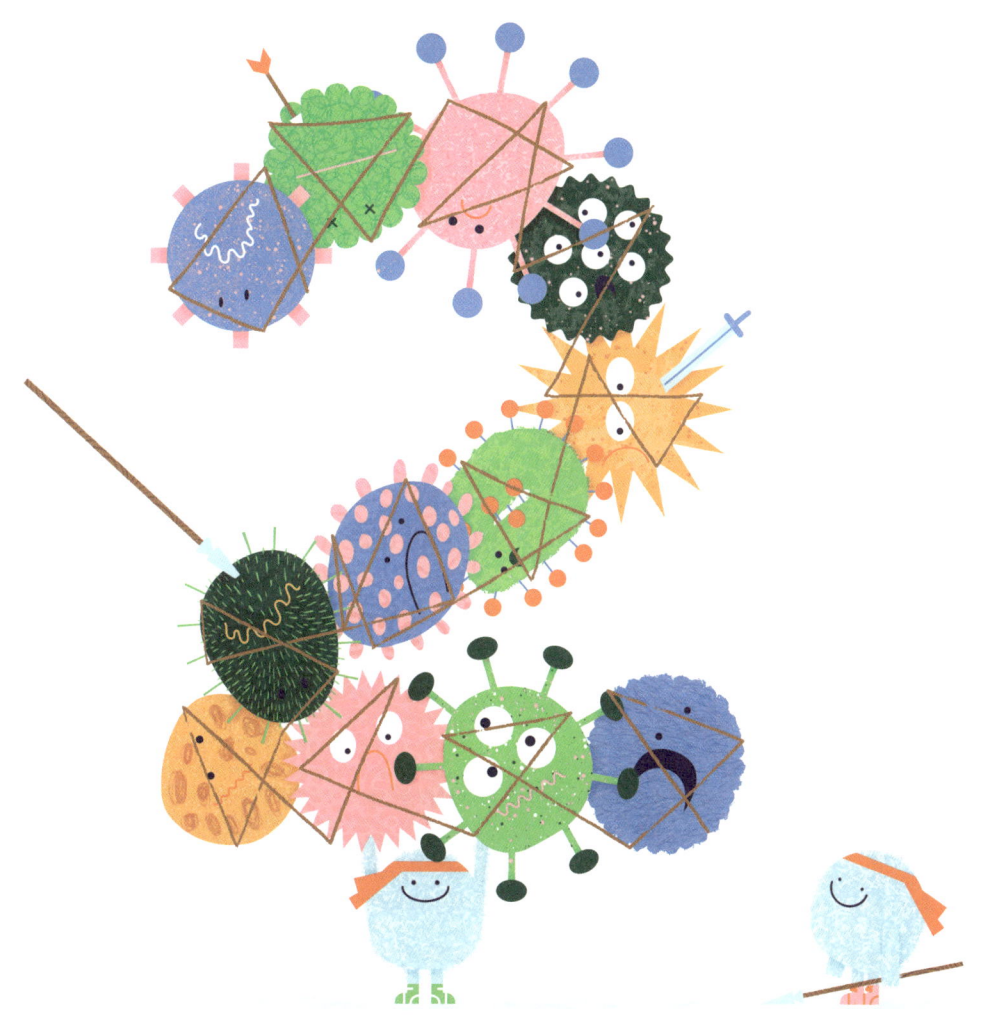

여러분이 이미 접종한 백신은 무엇일까요?

1 DTaP-IPV/Hib 백신이 무엇일까요?

여러분은 태어난 지 몇 달 안 되었을 때 이 백신 1차 접종을 했어요. 이 백신은 여러 가지 질병을 예방하는 혼합 백신이에요! 디프테리아, 파상풍, 백일해, 소아마비, b형 헤모필루스 인플루엔자, 이렇게 다섯 가지나 예방하는 백신이라서 이름도 꽤나 복잡한 거랍니다.

쉰 목소리 디프테리아는 박테리아 감염이 원인이에요. 증상은 심한 패혈성 인후염과 비슷해요. 목이 아프고, 목소리는 쉬고, 숨을 쉴 때 쌕쌕 소리가 나요. 디프테리아에 걸리면 숨을 쉬기 힘들어요. 어린이들은 질식하기도 해요. 예방 백신 접종 덕분에 우리나라에서는 거의 환자가 발생하지 않아요.

100일 기침 백일해도 박테리아에 감염되어 걸리는 질병이에요. 이 병에 걸리면 마치 발작하듯 기침을 하는데, 기침이 서너 달이나 이어질 수도 있어요. 그래서 이 병을 백일기침이라고 부르기도 하지요. 이 병에 걸린 아기들은 기침 발작으로 힘이 빠져서 물조차 마시지 못해요. 예방 백신 접종이 이루어지기 전에는 전 세계에서 해마다 많은 어린이가 목숨을 잃었어요.

벌어지지 않는 입 파상풍도 박테리아 감염으로 발생해요. 몸에 상처가 나면 그곳으로 먼지, 흙, 동물 똥에 섞여 있던 박테리아가 침투하지요. 개, 토끼, 기니피그 같은 동물한테 물려서 파상풍을 일으키는 박테리아에 감염될 수도 있어요. 파상풍에 걸리면 근육이 뻣뻣해져요. 그래서 음식을 삼킬 수도 없고, 숨을 쉬기도 힘들어요. 입을 벌리지도 못하지요. 치료하지 않으면 죽음에 이르는 치명적인 질병이에요. 예방 백신 덕분에 우리나라에서는 거의 발생하지 않아요.

다른 질병들 소아마비는 소아마비 바이러스 감염으로 일어나요. 우리나라에서는 예방 백신 접종으로 이 치명적인 질병이 더 이상 발생하지 않아요. b형 헤모필루스 인플루엔자에 걸리는 사람은 매우 드물어요. 이 병을 일으키는 박테리아가 여러분의 혈액이나 신경계에 침투하면, 수막염, 후두개염, 폐렴 등을 앓게 되지요.

국가예방접종 DTaP-IPV/Hib 백신은 국가에서 시행하는 '국가예방접종' 사업을 통해서 무료로 맞을 수 있어요. 태어난 지 2개월, 4개월, 6개월 때 한 번씩 세 차례 접종해요. 그러고 나서 디프테리아, 파상풍, 백일해를 예방하는 DTaP 백신을 15개월에서 18개월 사이와 네 살에서 여섯 살 사이에 각각 한 차례씩 더 접종하지요. 소아마비를 예방하는 IPV 백신과 b형 헤모필루스 인플루엔자 예방 백신도 한 차례씩 더 접종해야 해요. 국가예방접종 사업으로 무료로 접종할 수 있는 백신에는 B형 간염, 결핵 등도 있어요.

2 폐렴구균이 무엇일까요?

DTaP-IPV/Hib 백신을 처음 접종할 때 폐렴구균 예방 백신도 함께 접종해요. 폐렴구균은 90개가 넘는 종류가 존재하는 박테리아예요. 많은 사람의 콧속에 이 박테리아가 사는데 질병을 일으키지는 않아요. 사람들이 재채기나 기침을 할 때, 이 박테리아들이 공기로 배출되지요.

폐렴 폐렴구균은 어린아이의 몸, 그중에서도 공기가 드나드는 통로에 자리를 잡고 잘 자라요. 그런 일이 생기면 어린아이들은 몹시 아파요. 부비강염에 걸릴 수도 있지요. 부비강염은 부비강에 염증이 생기는 질병이에요. 부비강은 머리뼈에 있는 빈 공간으로 코와 연결되어 있어요. 부비강이 있어서 머리가 덜 무거운 거예요. 뇌를 식혀 주는 기능도 하지요. 아기들은 가운데귀(중이)가 폐렴구균에 감염될 수도 있어요. 폐렴구균이 일으키는 더 심각한 병은 폐렴이에요. 어른도 폐렴구균 감염으로 수막염을 앓을 수도 있어요.

항생제 의사들은 폐렴구균으로 생긴 질병을 치료하기 위해 항생제를 써요. '항생제'는 박테리아 감염으로 생긴 질병을 치료하는 여러 약을 가리키는 이름이에요. 항생제로는 바이러스로 생긴 질병을 치료할 수 없어요. 항생제에 들어 있는 성분은 박테리아를 죽여요. 박테리아가 번식하지 못하도록 막기도 해요. 우리 몸이 힘을 회복해 스스로 박테리아와 싸울 수 있는 시간을 벌어 주는 거죠.
여기서 다시 우리 몸이 성이라고 상상해 봐요. 항생제는 성을 포위한 악당의 수를 줄여 줘요. 그러면 성을 지키는 기사들이 악당보다 많은 상태가 되지요.

이제 기세등등한 기사들이 악당들을 쳐부수기만 하면 끝! 그런데 폐렴구균 중에는 보통 쓰는 항생제를 이겨 내고 살아남는 녀석들이 있어요. 항생제로 이런 박테리아의 수를 줄이기는 어려워요. 우리 몸의 기사들이 더 힘을 기르는 수밖에 없지요.

다행히 1995년부터 폐렴구균 예방 백신을 접종할 수 있게 되었어요. 우리 몸의 기사들을 훈련할 좋은 방법이 생긴 거죠.

우리나라에서는 폐렴구균 예방 백신을 네 차례 접종해요. 생후 2개월, 4개월, 6개월 때 한 번씩, 그리고 12개월에서 15개월 사이에 또 한 번 접종하지요. 폐렴구균 예방 백신도 국가예방접종에 포함되어 있어서 무료로 맞을 수 있어요.

탈수 로타바이러스에 감염된 아기는 높은 열에 시달리고 설사와 구토로 힘겨워 해요. 몸의 수분이 쭉 빠져나가는 거죠. 해마다 수천 명의 어린이가 로타바이러스에 감염되어 병원을 찾아요. 이 바이러스를 죽일 치료제는 없어요.

로타바이러스를 예방하는 백신은 우리나라 국가예방접종에 포함되지 않아요. 그래서 무료로 맞을 수는 없어요. 하지만 심하게 앓으면 목숨을 잃을 수도 있어서 여러 나라에서 백신 접종을 강력하게 권고하고 있어요. 오스트리아, 룩셈부르크, 핀란드, 독일, 노르웨이, 영국에서는 로타바이러스 예방 백신을 기본 접종에 포함하고 있어요.

여러분이 이미 접종한 백신은 무엇일까요?

3 MMR 백신으로 예방할 수 있는 질병은 무엇일까요?

MMR 백신은 DTaP-IPV/Hib 백신처럼 혼합 백신이에요. 홍역, 유행성 이하선염, 풍진을 예방하지요. 백신 접종이 우리 몸에 약하게 만든 바이러스를 넣어 기사들을 훈련하는 일이라는 거 기억하죠. 이 백신도 같은 방법으로 세 가지 질병으로부터 우리를 지켜요.

통통한 볼 유행성 이하선염 바이러스는 공기로 퍼져요. 여러분이 이 바이러스에 감염되면, 재채기나 기침으로 다른 사람을 감염시킬 수 있어요. 손이나 장난감에도 이 바이러스가 묻을 수 있고요. 이 바이러스에 감염되면, 1주나 2주 뒤부터 아프기 시작해요. 열이 나는 것부터 시작해서 근육통과 두통이 생기지요. 유행성 이하선염의 대표 증상은 귀 근처의 침샘에 염증이 생기는 거예요. 그래서 이 병을 볼거리라고 부르기도 해요. 침샘에 생긴 염증 때문에 볼이 통통하게 부어오르거든요. 일주일쯤 지나면 볼이 가라앉고, 차츰 병이 나아요. 하지만 가끔 볼거리가 더 심각한 질병으로 이어지기도 해요. 예전에는 해마다 어린이 수백 명이 볼거리에서 이어진 수막염에 걸렸는데, 예방 백신 접종으로 이 질병은 거의 사라졌어요.

점박이 풍진 바이러스에 감염되었다고요? 그러면 피곤할 거예요. 감기에 걸린 것처럼요. 열도 좀 나지요. 며칠 뒤에는 귀 뒤에 빨간 점이 생기기 시작해서 목과 얼굴로 퍼져요. 목이 아프거나 기침을 할 수도 있어요. 예방 백신이 없을 때는 많은 어린이가 풍진을 앓았어요. 지금은 예방 백신 덕분에 이 병을 앓는 어린이는 아주 드물어요.

여행 아마 여러분은 한 살 때 MMR 백신 1차 접종을 했을 거예요. 네 살에서 여섯 살 사이에 한 번 더 접종했을 거고요. 부모님과 여행을 갈 건데, 아직 백신 접종을 안 했다고요? 그렇다면 여행을 떠나기 전에 주사 한 방 맞는 게 좋아요. 특히 루마니아, 우크라이나, 북마케도니아, 베네수엘라, 브라질, 아이티 같은 나라나 아프리카로 여행할 계획이라면 MMR 백신을 반드시 맞아야 해요. 지금도 홍역이 제법 유행하는 편이니까요.

황열 황열을 예방하는 백신을 맞지 않으면 아프리카와 남아메리카의 여러 나라에 들어갈 수 없어요. 국경에서 백신 접종을 했다는 증명서를 보여 주어야 해요.
황열 바이러스에 감염된 열대 모기가 황열을 옮겨요. 감염된 모기가 사람을 물면 바이러스가 사람에게 침투하지요. 열과 황달이 나타나서 이 병의 이름이 황열인 거예요. 최악은 황열 바이러스가 간과 신장에 침투하는 거예요. 그러면 우리 몸에 있는 모든 구멍에서 피가 나요. 결국 환자는 피를 흘리다가 죽게 되지요. 이 병을 치료하는 약은 없어요. 다행히 예방 백신은 있답니다.

 어떤 백신이 수막염을 예방할까요?

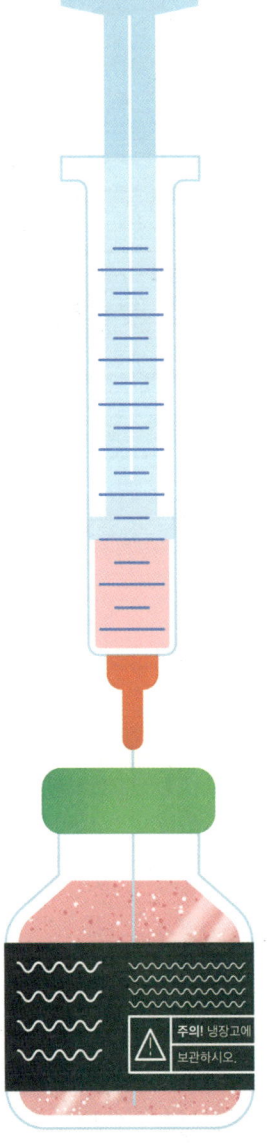

여러 종류의 박테리아와 바이러스가 수막염을 일으켜요. 예를 들어 연쇄 구균이라는 박테리아와 유행성 이하선염 바이러스가 수막염을 일으키지요. 수막 구균도 수막염의 주요 원인이에요.

많은 사람이 코에 수막 구균을 지닌 채 살지만 병에 걸리지 않아요. 기껏해야 감기와 비슷한 증상을 겪지요. 이런 사람들이 이 박테리아를 퍼뜨려요. 재채기나 기침을 할 때 말이에요. 가까이 서서 이야기하거나 포옹을 할 때도 박테리아가 퍼져요. 박테리아는 어린아이들한테도 옮겨 가서, 콧속에 자리 잡고 살지요. 박테리아가 혈액이나 수막에 침투하면, 어린아이들은 심하게 앓아요. 수막 구균이 수막염만 일으키는 건 아니에요. 패혈증을 일으키기도 해요.

목 통증 패혈증에 걸리면, 처음에는 열이 심하게 나요. 그러다가 목이 뻣뻣해져요. 머리를 앞으로 숙이는 것도 힘들어지지요. 머리가 아프고 토할 수도 있어요. 피부가 창백해졌다가 붉거나 보랏빛 점이 나타나요. 피부 아래에서 피가 나기 때문에 그러는 거예요. 매우 어지럽거나 졸리기도 해요. 의식을 잃을 수도 있어요. 쇼크 상태에 빠질 수도 있지요. 몸에 흐르는 피가 너무 적어서 그런 증상이 생겨요. 그 결과로 몸에 산소가 충분히 공급되지 않아서 몇 시간 안에 죽을 수도 있어요.

ACWY 백신 한 살에서 다섯 살 사이의 어린이들이 수막 구균에 특히 잘 감염되어 수막염을 앓아요. A, C, W, Y, 이렇게 네 종류의 수막 구균을 예방하는 백신이 ACWY 백신이에요. 나이와 백신 종류에 따라서 한 번에서 네 번까지

접종하지요. 이 백신은 국가예방접종 사업에 포함되지 않아요. 그래서 무료로 맞을 수 없어요.

구멍투성이 국가예방접종 사업으로 우리나라 어린이들은 두 살이 되기 전에 무시무시한 질병 15가지를 예방하는 백신을 접종해요. 이러다가 아기들 몸에 구멍이 숭숭 뚫릴까 걱정이라고요? 그럴 필요 없어요. 주사를 맞을 때 난 상처는 금방 아무니까요. 로타바이러스 예방 백신은 입으로 삼켜요. 몸에 구멍을 낼 일이 없지요. 그래도 그렇게 짧은 기간에 여러 백신을 맞으면 몸에 안 좋을 거 같다고요? 게다가 백신은 결국 우리 몸에 바이러스를 넣는 거 아니냐고요?

혼합 백신 사용으로 주사를 맞는 횟수는 많이 줄었어요. 백신에 들어 있는 바이러스의 수도 점점 줄고 있지요. 약화시킨 바이러스 대신에 죽은 바이러스를 넣은 백신이 점점 늘어나고 있어요. 바이러스의 한 부분만 사용하는 백신도 있지요. 앞으로는 그런 백신이 점점 늘어날 거예요.

5 수두를 일으키는 바이러스는 또 무슨 병을 일으킬까요?

1990년대부터 미국, 독일, 호주 등 여러 나라가 어린이에게 수두 예방 백신을 접종하기 시작했어요. 우리나라에서는 국가예방접종 사업에 포함되어 있어서 무료로 수두 백신을 접종할 수 있지요. 생후 12개월에서 15개월 사이에 한 번 맞으면 돼요.

수두는 수두-대상 포진 바이러스 감염이 원인이에요. 이 바이러스도 많은 바이러스처럼 공기를 통해서 퍼져요. 감염된 사람이 재채기나 기침을 할 때 주변 사람한테 바이러스가 옮을 수 있어요.

긁으면 안 돼요! 많은 질병과 마찬가지로 수두도 열이 나는 것으로 시작해요. 머리도 아파요. 약하게 기침을 하기도 해요. 그러다가 붉은 물집이 생겨요. 처음에는 몸통에 생겼다가 나중에는 얼굴로 번져요. 물집 부분이 미칠 듯이 가려워요. 벅벅 긁고 싶겠지만 그러면 안 돼요. 긁으면 평생 가는 흔적이 남거든요. 물집은 시간이 지나면 저절로 마르고 거기에 딱지가 앉아요. 그때부터 며칠 지나면 병이 나아요. 수두는 한 번 걸리면 다시는 걸리지 않아요. 평생 면역이 생기는 거죠.

바이러스는 여러분 몸속에 잠자듯이 남아 있기도 해요. 성 한구석에 숨어 있는 거죠. 성을 지키는 기사는 숨어 있는 놈한테 주의를 기울이지 않아요. 나중에 여러분이 나이가 들었을 때, 잠자던 바이러스가 깨어나서 공격할 수도 있어요. 두 번째 공격은 첫 번째 공격보다 더 세요. 두 번째 공격으로 생기는 병이 대상 포진이에요.

또 가려워요 대상 포진에 걸리면 피부가 따끔거리고 아파요. 며칠 지나면 붉은 물집이 생기지요. 수두에 걸렸을 때와 비슷하지만 물집이 몸 한쪽에만 생겨요. 어깨와 팔, 얼굴, 다리, 등, 목에도 물집이 생길 수 있는데, 보통 왼쪽이든 오른쪽이든 한쪽에만 생겨요. 배나 가슴에 띠 모양으로 물집이 나기도 해요. 그래서 이 병의 이름이 대상 포진인 거랍니다. '대상'이 띠 모양이라는 뜻이거든요. 1주나 2주쯤 지나면 물집이 사라져요. 하지만 어떤 사람들은 그 뒤로 몇 달 혹은 몇 년 동안 신경에 통증을 느껴요. 대상 포진은 전염되지 않아요. 하지만 환자가 수두-대상 포진 바이러스를 전염시킬 수는 있어요. 대상 포진으로 생긴 물집에 들어 있는 바이러스가 수두-대상 포진 바이러스이기 때문이지요.

수두에 걸린 어른은 어린이보다 훨씬 힘들어 해요. 증상이 더 심하고 오래가거든요. 어른에게 발생한 수두는 폐렴이나 수막염으로 이어질 수도 있어요.

얼마나 알고 있나요?

문제 1 다음 중 디프테리아 증상이 아닌 것은?
　　　　A) 쉰 목소리　B) 물집이 생긴다.　C) 숨을 쉬기 힘들다.

문제 2 먼지에 섞인 파상풍 박테리아는 몸에 생긴 상처를 통해 몸에 들어간다.
　　　　A) 참　B) 거짓

문제 3 박테리아가 일으킨 질병을 치료하는 약의 이름은?
　　　　A) 프로바이오틱스　B) 항생제　C) 안티로보틱스

문제 4 유행성 이하선염에 걸리면 부어오르는 곳은?
　　　　A) 엄지손가락　B) 코　C) 볼

문제 5 우리나라에서는 로타바이러스 예방 백신을 무료로 접종할 수 있다.
　　　　A) 참　B) 거짓

문제 6 황열을 일으키는 바이러스를 옮기는 동물은?
　　　　A) 쥐　B) 모기　C) 코끼리

문제 7 아프리카에서 홍역은 더 이상 발생하지 않는다.
　　　　A) 참　B) 거짓

문제 8 로타바이러스 백신은 입으로 먹는다.
　　　　A) 참　B) 거짓

문제 9 백신에 들어 있는 바이러스는?
　　　　A) 약화시킨 바이러스　B) 죽은 바이러스　C) 바이러스의 한 부분　D) 세 가지 모두

문제 10 대상 포진에서 대상의 뜻은?
　　　　A) 띠 모양　B) 네모 모양　C) 세모 모양

정답: 1) B, 2) A, 3) B, 4) C, 5) B, 6) B, 7) B, 8) A, 9) D, 10) A

언제부터 백신을 접종했을까요?

1 누가 백신을 발명했을까요?

1796년, 영국 버클리. 농장에서 우유 짜는 일을 하는 세라 넬름스는 손과 팔에 고름집이 생긴 것을 발견했어요. 그때는 우유 짜는 일을 하는 여자들이 세라와 같은 병에 걸리는 일이 흔했는데, 우두 바이러스에 감염된 암소한테서 옮은 거였지요. 우두에 걸린 암소들은 유방에 고름집이 생겼어요.

세라는 마을 의사인 에드워드 제너를 찾아갔어요. 며칠 뒤에 세라의 병은 말끔히 나았어요. 이 병에 걸렸던 다른 여자들처럼요. 사실은 저절로 나은 거랍니다. 면역계가 바이러스를 물리친 거였지요. 하지만 그때 과학자들은 그런 사실을 몰랐어요. 바이러스와 박테리아가 존재한다는 것도 몰랐지요. 박테리아와 바이러스는 19세기 끝 무렵에 발견되었으니까요. 그때 과학자들은 면역계에 대해서도 아무것도 몰랐어요.

농장의 지혜 우두는 심각한 병이 아니었어요. 하지만 사람만 걸리는 천연두는 지독한 병이었어요. 이 병에 걸린 사람들의 10퍼센트가 목숨을 잃었어요. 특히 어린이가 많이 죽었지요. 우유 짜는 여자들처럼 소들과 접촉하며 일했던 사람들은 천연두에 잘 걸리지 않았어요. 농장에서는 이런 말이 돌았어요. "우두에 걸리면, 천연두에 걸리지 않는다." 이 말이 맞았을까요?

백신 제너 박사는 농장 사람들의 말을 확인해 보기로 했어요. 제너 박사는 세라 넬름스의 팔에서 우두 고름을 채취하여 자기 집 정원사의 아들인 제임스 핍스의 팔에 넣었어요. 그때 여덟 살이었던 제임스는 아주 건강한 상태였지요. 며칠 뒤 제임스는 우두에 걸렸는데, 증상이 심하지 않았어요. 그리고 아주 빨리 나았지요. 제너 박사는 아주 위험한 실험을 하기로 했어요. 천연두에 걸린 아이한테서 고름을 채취해 막 회복한 제임스의 몸에 넣었어요. 무슨 일이 벌어졌을까요? 제임스는 전혀 아프지 않았어요! 천연두에 걸리지 않은 거예요. 제너 박사는 자기가 사용한 방법을 백신 접종이라고 불렀어요. 백신은 암소를 뜻하는 라틴어 바카(vacca)에서 따온 말이에요.

소의 머리 많은 사람이 백신 접종을 거부했어요. 심지어 의사들도 반대했지요. 온갖 헛소문이 퍼졌어요. 제너 박사에게 백신 접종을 받은 사람이 늑대처럼 울부짖기 시작했다는 말이 돌았어요. 접종한 팔에서 소의 머리가 자라났다는 소문도 있었어요. 그래도 제너 박사는 포기하지 않았어요. 평생 백신에 대한 올바른 지식을 알리는 일에 헌신했어요. 돈 한 푼 받지 않고 백신을 접종했지요. 제너 박사는 1823년에 뇌졸중으로 사망했어요.

불타는 제너 박사 1840년, 영국 의회는 천연두 백신을 의무적으로 접종하는 법을 통과시켰어요. 이번에도 사람들이 반대했어요. 수천 명이 거리로 몰려나와 항의하고, 제너 박사 인형을 만들어 불태우기도 했지요. 하지만 결국은 전 세계 사람들이 천연두 백신을 접종하게 되었지요. 1980년, 제너 박사가 백신을 처음 발견한 지 거의 200년이 흐른 뒤, 천연두가 완전히 사라졌어요.

2 미생물이 질병을 일으킨다는 걸 발견한 사람은 누구일까요?

아주 오랫동안, 사람들은 아주 작은 생물들이 저절로 생긴다고 생각했어요. 예를 들어, 벼룩은 먼지에서 생기고, 구더기는 썩은 고기에서 생긴다고 여겼지요. 구더기는 파리의 애벌레예요. 썩은 고기가 아니라 파리가 낳은 알에서 나오지요. 이처럼 생물은 오로지 다른 생물로부터 생겨요. 이런 사실은 프랑스 화학자인 루이 파스퇴르가 1860년에 처음 발견했어요.

상한 우유 파스퇴르는 포도주 생산자들을 위해 연구하며 좋은 발효와 나쁜 발효가 있다는 걸 발견했어요. 포도즙이 발효하면 포도주로 변해요. 포도주는 맛있어요! 하지만 우유는 발효하면 상해요. 왝! 마실 수 없게 되지요.
파스퇴르는 공기에 섞여 있는 미생물이 발효와 부패를 일으킨다는 걸 실험으로 보였어요. 좋은 박테리아와 나쁜 박테리아가 있다는 걸 발견한 거예요. 그리고 맨눈으로는 볼 수 없고 현미경으로만 보이는 작은 생물들이 여러 질병을 일으킨다는 것도 밝혔지요. 파스퇴르의 '병원체 이론' 또는 '미생물 이론'은 의학 역사에서 매우 중요한 발견이에요.

뜨거운 우유 파스퇴르는 의사들이 손을 씻도록 설득했어요. 의료 기구도 소독해야 한다고 주장했지요. 1862년에는 우유에 들어 있는 미생물을 죽이는 간단한 방법을 발명했어요. 우유를 섭씨 63도로 30분 동안 가열하는 방법이었지요. 유제품 공장에서는 지금도 이 방법을 사용해요. 이 방법을 저온 살균법, 또는 파스퇴르의 이름을 따서 파스퇴르 살균법이라고 불러요.

닭에게도 백신을 파스퇴르는 닭을 병들게 하는 박테리아를 기르는 데 성공했는데, 박테리아를 실험실에 두고 휴가를 떠났어요. 그 사이에 실험실 탁자에 놓여 있던 박테리아가 약하게 변했어요. 파스퇴르가 그 박테리아를 닭 몸에 넣었더니 닭들은 가볍게 병을 앓고 나았어요. 그다음에는 그 닭들에게 건강한 박테리아를 주입했는데 멀쩡했어요. 이렇게 해서 파스퇴르는 처음으로 약화시킨 바이러스를 생물에게 주입한 과학자가 되었어요. 우연이긴 했지만 실험실에서 백신을 만든 것도 이게 처음이었답니다.

파스퇴르연구소 파스퇴르는 다른 질병을 예방하는 백신도 개발했어요. 1885년, 광견병에 걸린 개한테 물린 조제프 메스테르라는 아홉 살짜리 남자아이가 어머니와 함께 파스퇴르를 찾아왔어요. 파스퇴르가 광견병으로 죽은 토끼의 척수를 가루로 만들어 15일 동안 말려서 바이러스를 파괴하는 방법으로 만든 백신을 조제프의 몸에 넣었더니 병이 나았어요.
파스퇴르는 피부에 종기가 생기고 비장과 폐에 염증을 일으키는 탄저병 백신도 개발했어요. 1888년에 파스퇴르연구소를 설립하고, 1895년에 사망했지만, 연구소는 여전히 남아 있어요. 파리에 있는 이 연구소는 지금도 미생물, 감염병, 백신 연구를 하고 있어요.

3 소아마비를 몰아낸 사람은 누구일까요?

소아마비는 소아마비 바이러스가 일으키는 전염병이에요. 이 바이러스는 우리 몸의 신경을 공격해요. 주로 어린이들이 이 바이러스에 감염되어 팔과 다리가 마비되었어요. 이 바이러스가 가로막을 공격하면 숨을 쉬지 못해요. 다행히 두 과학자 덕분에 이 병은 거의 사라졌어요.

죽은 바이러스 먼저 미국의 바이러스학자 조너스 소크 이야기를 할게요. 1952년, 조너스 소크는 피츠버그 대학교에 있는 자기 실험실에서 소아마비 바이러스를 길렀어요. 그 바이러스를 우리 몸에 해를 끼치지 못하는 상태로 만든 다음 주사기로 몸에 넣었어요. 죽은 바이러스, 정확하게 말하면 일부러 죽인 바이러스가 들어 있는 백신을 만든 거지요. 이런 백신도 우리 몸의 기사들을 깨워요. 다시 말해서 죽은 바이러스로 몸의 면역계를 갈고닦는 거랍니다.

특허 소크는 자기가 개발한 백신을 자신과 가족을 포함해 많은 이들에게 접종했어요. 1955년에 미국 정부는 소크의 백신이 안전하다고 결정했어요. 곧 어린이 수백만 명이 백신을 접종했지요. 소크 박사는 자기 백신에 대해 특허를 신청하지 않았어요. 특허는 무언가를 발명하거나 만든 사람에게 그 물건을 독점적으로 판매할 수 있는 권리를 주는 제도예요. 소크 박사는 이렇게 말했어요. "누구나 이 백신을 만들고 팔 수 있습니다. 이 백신은 우리 모두의 것입니다. 백신은 모두를 비추는 태양이나 마찬가지예요. 태양에 특허를 신청할 수는 없지요, 그렇지 않나요?"

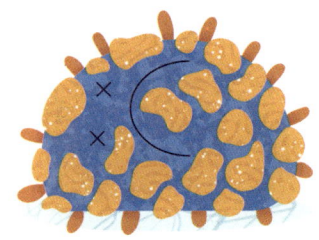

설탕 소크 백신 덕분에 어린이들은 소아마비 바이러스로부터 안전해졌어요. 하지만 가끔 바이러스에 감염되는 어린이가 생기기도 했어요. 앨버트 세이빈 박사는 소아마비 바이러스가 처음에는 창자를 공격하고 다음에 신경을 공격한다는 걸 발견하고, 입으로 삼키는 백신을 개발했어요. 몇 방울이면 충분한 효과가 나는 백신이었지만 맛이 고약했지요. 그래서 백신을 먹는 어린이들에게 설탕을 한 덩어리씩 주고는 했어요.

살아 있는 바이러스 세이빈 박사의 백신에는 살아 있는 바이러스가 들어 있어요. 말하자면 바이러스를 기른 다음에 머리를 한 방 세게 때렸다고 할까요. 약해진 바이러스가 우리 몸에 들어가면 기사들이 깨어나 무장해서 나중에 힘이 넘치는 바이러스가 들어와도 쉽게 물리칠 수 있지요. 미국 정부는 1964년에 세이빈 백신의 사용을 승인했어요. 세이빈 박사는 그 전에 신시내티에서 어린이 18만 명을 대상으로 백신을 시험해서 그 도시에서 소아마비를 몰아냈지요.

필수 접종 우리나라에서는 1960년대 말부터 소아마비 백신 접종을 시작했어요. 그 뒤로 소아마비 환자가 계속 줄어들어 1984년부터는 한 명도 없어요. 소아마비 백신은 국가예방접종 사업에 포함되어 있어서 무료로 맞을 수 있어요.

박멸 세계보건기구는 1988년부터 소아마비를 박멸할 계획을 세웠어요. 그때만 해도 전 세계에서 해마다 소아마비 환자가 35만 명이나 발생했어요. 21세기가 시작된 뒤로 아메리카와 유럽에서는 환자가 한 명도 생기지 않았어요. 2020년 8월 25일, 세계보건기구는 아프리카에서 소아마비가 사라졌다고 선언했어요.

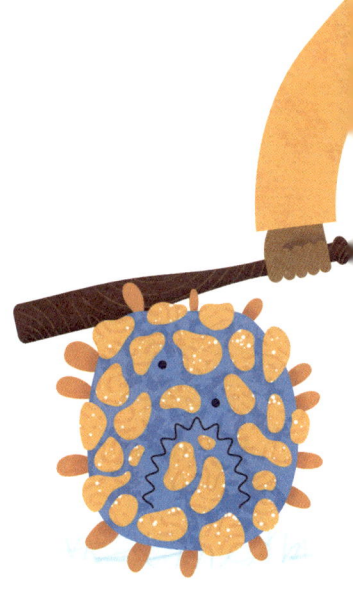

4 독감 백신은 누가 개발했을까요?

독감을 일으키는 인플루엔자 바이러스는 세 가지가 있어요. 인플루엔자 A, B, C. 인플루엔자 C는 별로 중요하지 않아요. 거의 감기와 비슷해요. 1918년에 심각한 독감이 전 세계를 휩쓸었어요. 스페인 독감이지요. 다섯 명 가운데 한 명이 이 병에 걸렸고, 5,000만 명이 넘게 죽었어요. 스페인 독감은 팬데믹이었어요. 팬데믹은 전 세계에 영향을 미치는 전염병을 가리키는 말이에요. 코로나19 유행도 팬데믹이에요.

흰담비족제비 1930년대 초반에 영국 과학자들이 독감 바이러스를 처음으로 채취하는 데 성공했어요. 독감에 걸린 동료 과학자의 목에서 채취했지요. 그 바이러스가 인플루엔자 A예요. 과학자들은 그 바이러스를 흰담비족제비들에게 주입했어요. 흰담비족제비들이 독감에 걸렸다가 나았는데, 그 뒤로 독감에 면역이 생겼어요.

러시아 사람들 옛 소련의 과학자들이 영국 과학자들의 연구를 바탕으로 인플루엔자 백신을 개발했어요. 살아 있는 바이러스를 약화시키는 방법을 사용했지요. 1940년대에 일어난 일인데, 그때만 해도 이 방법은 새로운 기술이었어요. 처음으로 백신 접종을 한 사람들은 공장 노동자들이었어요.

혼합 백신 영국과 미국 과학자들도 백신 연구를 했어요. 그들은 바이러스를 죽이는 새로운 기술을 개발했고, 그 기술로 백신을 만들었어요. 그리고 독감을 일으키는 새로운 바이러스도 발견했어요. 그게 인플루엔자 B예요. 이들이 만든 백신은 A와 B 바이러스가 들어 있는 혼합 백신이었어요.

새로운 외투 현재 사용하는 독감 백신에는 바이러스가 통째로 들어가지 않아요. 정제한 바이러스 조각만 들어가지요. 지금은 인플루엔자 A 바이러스와 인플루엔자 B 바이러스를 각각 두 종류씩 사용해서 백신을 만들어요. 즉, 4중 혼합 백신이에요. 과학자들은 해마다 독감 백신에 들어가는 조각의 조합을 바꿔요. 이 일은 꼭 필요해요. 인플루엔자 바이러스가 계속 변이하기 때문이지요. 변이란 바이러스가 다른 모습으로 바뀌는 것으로 해마다 새로운 외투를 입는 것과 비슷해요.

세계보건기구는 전 세계에서 독감 바이러스 변이 정보를 수집해요. 어떤 바이러스가 다음 독감 철에 가장 널리 퍼질지 알아내려는 거지요. 이렇게 모은 정보를 바탕으로 그해에 사용할 백신을 만들어요. 이 방법은 도박과 좀 비슷해요. 그래서 독감 백신으로는 독감을 100퍼센트 예방할 수는 없어요.

나이에 상관없는 백신? 독감 백신은 주로 나이가 많이 든 사람들이 맞아요. 다른 병을 앓고 있어서 독감에 걸리면 안 되는 사람들도 접종하지요. 임산부도 독감 백신을 맞는 게 좋아요. 의료 현장에서 일하는 사람들도 환자들을 보호하기 위해서 백신을 접종하지요. 2009년부터 미국 정부는 태어난 지 6개월이 지난 모든 사람에게 독감 백신을 맞으라고 권고하고 있어요. 나이에 상관없이 모든 사람에게 접종하라고 권고하는 백신은 독감 백신밖에 없어요.

5 mRNA 백신이 무엇일까요?

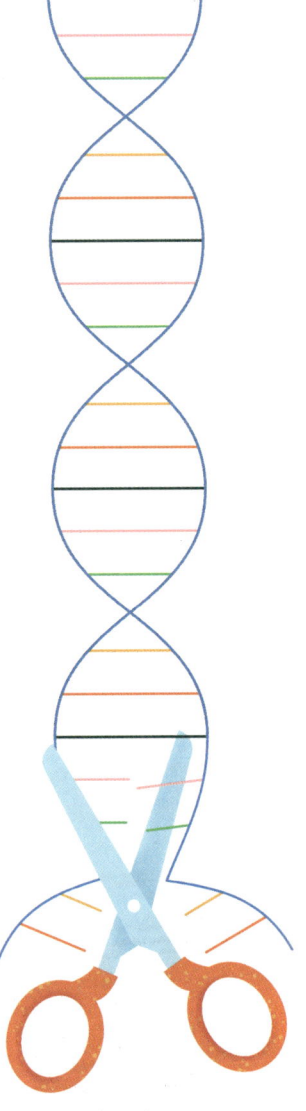

새로운 코로나바이러스인 SARS-CoV-2가 전 세계에 퍼진 뒤로 mRNA 백신 또는 RNA 백신이라는 말을 자주 들었을 거예요. 예를 들어, 백신을 만드는 회사인 모더나와 화이자가 생산한 코로나 백신이 바로 mRNA 백신이에요. mRNA 백신의 효과는 다른 백신과 같아요. 우리 몸이 항체를 생산하도록 하는 거죠. 다른 백신과 mRNA 백신의 유일한 차이점은 만드는 방법이에요.

바이러스 없는 백신 우리 몸의 면역계를 깨우는 일을 하는 것은 백신에 들어 있는 바이러스나 바이러스의 한 부분이에요. 독감 백신에는 죽은 바이러스나 죽은 바이러스의 한 부분이 들어 있어요. 홍역, 유행성 이하선염, 풍진 백신에 들어 있는 것은 살아 있는 바이러스를 약화시킨 거지요. 하지만 mRNA 코로나19 백신에는 바이러스가 없어요. 단 한 조각도 들어 있지 않아요. 그래서 백신을 맞아도 코로나19에 걸릴 일이 없지요.

바이러스가 없는 백신이라니, 그런 백신이 어떻게 작용하는 건지 궁금하죠? mRNA 백신은 우리 몸의 세포에 스스로 바이러스의 한 부분을 만들라는 지시를 내려요. 코로나19 백신은 스파이크 단백질이라고 부르는 걸 만들도록 하지요. 코로나19 바이러스를 현미경으로 살펴보면, 왕관처럼 보이는 돌기가 솟아 있는데 그게 스파이크 단백질이에요. 그걸 보고 코로나바이러스라는 이름을 붙인 거예요. '코로나'가 라틴어로 왕관이라는 뜻이거든요.

코로나19 바이러스는 스파이크 단백질을 이용해 우리 세포에 침투해요. 우리 몸의 면역계는 스파이크 단백질만 감지해도 경고 종을 울려요. 그래서 백신에 바이러스를 넣을 필요가 없어요. mRNA 백신은 면역계에 무기만 보여 주는 셈이에요. 다음에 이런 무기를 든 바이러스가 침투할 테니 잘 준비하라고 알려 주는 거죠.

설계도 스파이크 단백질을 만들라는 지시문은 바이러스에서 찾아요. 바이러스의 유전 물질에 그게 들어 있거든요. 유전 물질은 생명의 설계도예요. 인간의 유전 물질은 DNA로 이루어져 있어요. DNA에는 생물에게 필요한 모든 정보가 들어 있어요. 우리 키, 눈과 머리카락의 색깔 같은 걸 결정하는 게 DNA예요. 우리가 오른손잡이가 될지 왼손잡이가 될지도 DNA가 결정하지요. 바이러스는 두 종류로 나뉘어요. DNA 바이러스(천연두 바이러스와 인유두종 바이러스)와 RNA 바이러스(인플루엔자 바이러스, 소아마비 바이러스, 코로나바이러스)가 있지요. DNA 또는 RNA에 바이러스를 만드는 정보가 들어 있어요. 과학자들은 코로나바이러스의 유전 물질에서 스파이크 단백질을 만드는 정보를 복사해서 사용해요. 이 정보는 스스로 만드는 가구에 들어 있는 조립 설명서와 비슷해요. 우리가 그걸 보고 가구를 만들 듯이 우리 세포가 백신에 든 RNA 코드를 보고 스파이크 단백질을 만들지요. 백신에 들어 있는 RNA 코드는 메신저예요. mRNA 백신에서 m은 메신저(messenger)를 나타내는 거랍니다.

지방 방울 보통 우리 몸은 낯선 RNA가 들어오면 즉시 파괴해 버려요. 그래서 화이자와 모더나는 RNA를 지방 방울로 포장했어요. RNA한테 보호복을 입힌 거죠. 그 덕분에 메신저가 스파이크 단백질 조립 설명서를 우리 세포까지 안전하게 전달할 수 있어요.

얼마나 알고 있나요?

문제 1 '백신'은 이것을 가리키는 라틴어로부터 온 말이다.
　　　　A) 암소　B) 염소　C) 개

문제 2 과학자들이 박테리아와 바이러스가 존재한다는 것을 발견한 때는?
　　　　A) 18세기 말　B) 19세기 말　C) 20세기 말

문제 3 우유를 섭씨 63도로 가열하여 박테리아를 죽이는 방법은?
　　　　A) 고온 살균법　B) 저온 살균법　C) 소독법

문제 4 루이 파스퇴르는 좋은 박테리아와 나쁜 박테리아가 있다는 것을 발견했다.
　　　　A) 참　B) 거짓

문제 5 루이 파스퇴르가 처음으로 한 일은?
　　　　A) 죽은 바이러스를 생물에 주입했다.　B) 실험실에서 백신을 개발했다.　C) 둘 다

문제 6 소아마비 백신을 처음으로 개발한 사람은?
　　　　A) 루이 파스퇴르　B) 조너스 소크　C) 앨버트 아인슈타인

문제 7 앨버트 세이빈 박사는 소아마비 바이러스가 창자를 먼저 공격한 다음에 신경을 공격한다는 것을 발견했다.
　　　　A) 참　B) 거짓

문제 8 1918년, 스페인 독감이 유행할 때 죽은 사람의 수는?
　　　　A) 50만 명　B) 500만 명　C) 5,000만 명

문제 9 mRNA 백신은 우리 몸에 바이러스의 한 부분을 만들라는 지시를 내린다.
　　　　A) 참　B) 거짓

문제 10 화이자와 모더나는 RNA를 지방 방울로 포장한다.
　　　　A) 참　B) 거짓

정답 1) A, 2) B, 3) B, 4) A, 5) C, 6) B, 7) A, 8) C, 9) A, 10) A

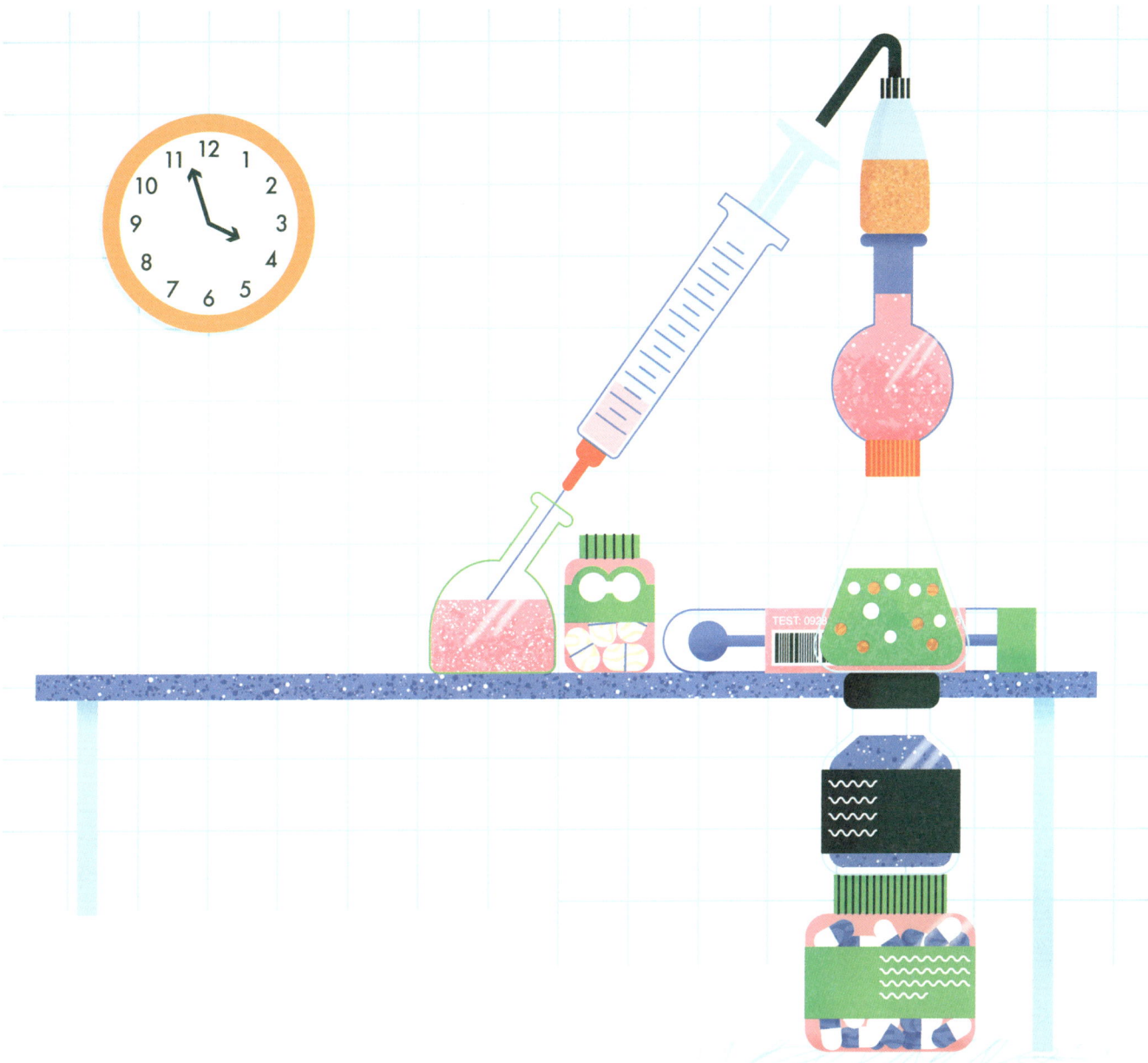

코로나19 백신은 안전한가요?

1 코로나19 백신에는 어떤 종류가 있고, 어떻게 작용할까요?

화이자와 모더나가 만든 백신은 mRNA 백신이고 이 백신이 어떻게 작용하는지는 앞에서 이미 이야기했어요. 아스트라제네카와 얀센에서 만든 백신도 있어요. 이 백신을 바이러스 벡터 백신 또는 전달체 백신이라고 불러요. 러시아에서 생산하는 스푸트니크 V 백신도 바이러스 벡터 백신이에요.

감기 바이러스 바이러스 벡터 백신은 코로나19 바이러스의 한 부분을 만들 수 있는 정보를 우리 세포에 전달해요. 코로나19 바이러스가 우리 세포에 침투할 때 사용하는 스파이크 단백질을 만드는 정보지요. mRNA 백신과 같은 일을 하는 건데, 백신이 정보를 전달하는 방법이 달라요. mRNA 백신은 설계도를 지방 방울로 포장해서 전달하고, 바이러스 벡터 백신은 감기를 일으키는 아데노바이러스 껍질을 이용해 정보를 전달하지요.

트로이 목마 감기 바이러스도 코로나바이러스의 한 종류예요. 코로나19 바이러스와 친척이라고 할 수 있지요. 과학자들은 감기 바이러스에서 병을 일으키는 부분을 모조리 제거해요. 그 자리에 코로나19 바이러스의 스파이크 단백질을 만드는 정보를 집어넣어요. 이 백신은 트로이 목마처럼 작용해요. 그리스 사람들이 나무로 만든 커다란 말 안에 군인들을 숨기고는 이 말을 트로이 사람들에게 선물로 바쳐요. 트로이 사람들은 그걸 모른 채 말을 성에 들여놓아요. 밤이 되자 그리스 군인들이 말에서 나와 공격하지요. 이와 비슷하게

감기 바이러스는 스파이크 단백질을 만드는 설계도를 몰래 숨기고 있다가 우리 세포에 전달해요.

백신에 들어 있는 감기 바이러스는 해가 없어요. 복제가 안 되기 때문에 우리를 아프게 하지 못하지요. 아스트라제네카 백신은 침팬지 감기 바이러스를, 얀센 백신과 스푸트니크 V 백신은 인간 감기 바이러스를 사용해요.

먼저 개발된 바이러스 벡터 백신들 과학자들은 사스와 메르스 백신을 개발할 때 바이러스 벡터 백신 기술을 이미 사용했어요. 사스와 메르스도 코로나바이러스가 일으키는 호흡기 질환이에요. 에볼라 백신도 바이러스 벡터 백신이에요. 에볼라 바이러스는 진짜 치명적인 바이러스예요. 이 바이러스에 감염되면 몸에 있는 모든 구멍에서 피가 나와요. 입, 코, 심지어 눈에서도 피를 흘려요! 짧은 시간 동안 이렇게 피를 흘리다가 결국 죽게 될 테니 절대로 이 바이러스에 감염되면 안 돼요.

바이러스 벡터 백신을 만든 경험이 있어서 과학자들이 코로나19 백신을 빨리 만들 수 있었어요. 또 바이러스 벡터 백신은 전통적인 백신보다 빨리 만들 수 있어요. 실험실에서 바이러스를 기를 필요가 없기 때문이지요. 그래서 바이러스 벡터 백신 개발이 덜 위험하기도 해요.

2 코로나19 백신을 너무 빨리 개발해서 시험을 충분히 못 한 것은 아닌가요?

새로운 백신을 개발하는 데에는 보통 8년에서 10년이 걸려요. 코로나19 백신은 개발하는 데 채 1년도 걸리지 않았어요. 어떻게 그렇게 빨리 개발할 수 있었을까요? 이 백신들이 안전하기는 할까요?

사스와 메르스 코로나19 백신은 이번에 새로 나왔지만, 백신을 만드는 기술은 완전히 새롭지는 않아요. 과학자들이 10년에서 20년 동안 연구해서 사스와 메르스 백신을 개발했어요. 하지만 대량으로 생산하지는 않았어요. 백신을 사용하지 않고도 두 전염병을 빠른 시간에 이겨 냈기 때문이지요. 에볼라 바이러스에 대항하는 바이러스 벡터 백신은 얀센에서 대량으로 생산했어요. 2019년 말에 콩고에서 이 백신을 사용했지요.

중국인의 코 얀센의 코로나19 백신은 에볼라 백신과 같은 방식으로 작용해요. 변형된 바이러스가 실어 나르는 정보가 다를 뿐이지요. 중국의 과학자들이 감염된 중국 사람들의 코에서 채취한 바이러스에서 RNA 정보를 밝혀내고는 즉시 전 세계 과학자들에게 알려 주었어요. 이 정보를 받은 과학자들은 재빠르게 연구를 시작할 수 있었지요.
많은 과학자가 자신이 해 오던 연구를 공개했고, 여러 회사와 재력가들은 코로나19 백신 개발에 필요한 엄청난 돈을 투자했지요. 어떤 회사는 승인을 받기 전에 공장에서 백신을 생산하기 시작했어요. 100군데 넘는 곳에서 백신 개

발과 임상 시험에 뛰어들었지만, 몇 군데만 성공을 거두었어요.

시험 단계들 백신은 몇 단계의 시험을 거쳐요. 과학자들은 시간을 절약하기 위해서 코로나19 백신 시험에 필요한 몇 단계를 동시에 진행하기도 했어요. 하지만 필요한 단계를 빼먹지는 않았어요. 과학자들은 먼저 실험실에서 동물을 상대로 백신을 시험해요. 백신이 효과가 있는지, 안전한지 확인하지요. 그런 다음에 사람을 상대로 시험을 하는데 몇 단계를 거쳐요. 첫 단계에서는 자발적으로 참여한 수십 명을 상대로 시험해요. 백신 때문에 병에 걸리지는 않는지, 심각한 부작용은 없는지 확인하지요. 문제가 없으면 두 번째 단계로 넘어가요. 수백 명에게 백신을 접종하지요. 이때 백신을 몇 차례 접종해야 항체가 충분히 생기는지 알아봐요. 세 번째 단계에는 수만 명이 참가해요. 시험 참가자들을 두 집단으로 나눠요. 한 집단에게는 백신을 접종하고, 또 한 집단에게는 속임약(플라세보)을 접종해요. 속임약에는 우리 몸에 작용하는 물질이 전혀 들어 있지 않지요. 시험 참가자와 과학자 모두 누가 백신을 맞고 누가 속임약을 맞았는지 몰라요. 이 단계에서 비로소 백신이 바이러스 감염을 예방하는 효과가 있는지 없는지 결정이 내려져요.

식품의약품안전처 제약회사는 시험 결과를 국가기관으로 넘겨요. 우리나라에서는 식품의약품안전처가 시험 결과를 검토해요. 백신이 효과가 있는지 확인하고, 무엇보다 백신이 안전한지를 철저하게 확인하지요. 효과도 있고 안전하다면, 사용해도 좋다고 승인해요. 의사들은 승인받은 백신을 접종하면서 이제까지 알려지지 않은 부작용이 있는지 살펴봐요. 아스트라제네카 백신에는 혈전이 생기는 부작용이 있다는 게 발견되었지요. 부작용이 발견되면 과학자들이 해결책을 연구해요.

3 코로나19 백신을 맞으면 우리 몸의 DNA가 변하나요?

이 질문에 대한 대답은 아주 간단해요. 아니에요. 그런 일은 불가능해요.

청소부 우리 몸의 DNA는 세포핵 깊숙한 곳에 있어요. 화이자와 모더나의 백신에 들어 있는 mRNA는 접근할 수 없는 곳이지요. mRNA는 스파이크 단백질을 만들라는 정보를 전달한 다음에는 주변을 어슬렁거려요. 오래 그러지도 않아요. 임무를 마친 mRNA는 아무짝에도 쓸모가 없어요. 몇 시간에서 며칠 사이에, 우리 세포의 청소부가 쓸모없는 mRNA를 싹 치워 버려요. 흔적도 안 남지요. 그래서 백신을 만들 때 mRNA를 지방 방울로 포장한 거잖아요. 기억나죠? 정보를 전달할 때까지 살아남으라고요.

게다가 우리 세포의 DNA 안으로 들어가려면, mRNA가 DNA로 바뀌어야 해요. 우리 세포는 그런 일을 할 수 없어요. 그 일을 하는 바이러스들이 좀 있기는 해요. 예를 들어, 에이즈를 일으키는 인간 면역 결핍 바이러스(HIV)가 그렇지요. 이 바이러스는 자기 RNA를 DNA로 바꾸어 우리 세포의 DNA와 섞어요. 그래서 HIV 백신을 만드는 게 그렇게나 어려운 거예요.

아스트라제네카와 얀센 백신에 들어 있는 감기 바이러스는 괜찮냐고요? 괜찮아요. 감기 바이러스는 HIV처럼 하지 못해요. 감기 바이러스는 자기 DNA를 우리 세포의 DNA 안으로 집어넣는 데 필요한 물질이 없어요. 백신에는 감기 바이러스를 변형해서 집어넣는다는 걸 잊은 건 아니죠? 백신 속 감기 바이러스는 우리 세포 안에서 자기 복제를 하지 못해요.

코드 그래도 mRNA가 DNA로 바뀌거나 감기 바이러스의 DNA가 우리

DNA와 섞일 수 있지 않느냐고요? 설사 그런 일이 생겨도 문제가 될 건 없어요. 우리 DNA가 끊임없이 변하니까요.

DNA는 두 가닥의 긴 나선으로 이루어져 있어요. 마치 나선 모양 계단처럼 생겼지요. 여러 계단이 모여서 하나의 코드를 이루어요. 각 계단에는 과학자들이 붙인 이름이 있어요. A, T, G, C, 이렇게 네 개예요. 이 네 개가 여러 방식으로 조합된 것이 코드예요. 이 코드가 여러분의 생김새를 결정해요. 사람들이 다 다른 건 코드가 저마다 다르기 때문이에요.

복원 코드는 변해요. DNA가 망가져서 오류가 생기는 거죠. 햇빛, 담배 연기 같은 독성물질 같은 외부 요인 때문에 생기기도 하고, DNA 복제 과정에서 실수로 생기기도 하지요. 날마다 수천 번씩 이런 오류가 일어나요. 세포 하나에서만 말이에요. 그러면 우리 몸에서 무슨 일이 벌어질까요? 세포들이 스스로 오류를 고쳐요. 이걸 알아낸 과학자들이 2015년에 노벨 화학상을 받았어요.

4 코로나19 백신에 전자 칩이 들어 있지 않나요?

팬데믹은 빌 게이츠의 음모다! 그가 코로나19 바이러스를 만들었다! 빌 게이츠는 모두에게 칩을 심어 우리를 감시하려고 한다! 백신에는 그가 만든 전자 칩이 들어 있다. 여러분도 이런 소문을 듣거나 SNS에서 본 적이 있을 거예요. 이게 사실일까요? 이번에도 대답은 간단해요. 아니에요.

백신 거부자 백신에 전자 칩을 넣는 것은 기술적으로 불가능해요. 아무도 그런 칩을 만들 수 없어요. 가장 작은 마이크로칩도 mRNA보다 수천 배는 커요. 마이크로칩을 mRNA만큼 작게 만든다고 해도, 거기에는 많은 정보를 담을 수 없어요. 개한테 심는 마이크로칩을 본 적이 있을 거예요. 그 칩에는 번호만 들어가요. 주소, 품종, 성별, 색깔 같은 정보는 넣을 수 없어요. 그런 칩도 쌀알만큼 커요. 개를 잘 만져 보면 칩을 느낄 수 있지요. 백신에 넣을 수 있는 칩은 개한테 넣는 칩보다 수백만 배는 작아야 하고, 신호를 보내고 받을 수 있어야 해요. 거기다가 우리 행동을 조종할 수 있어야 하고요! 말도 안 되는 소리죠. 백신 접종을 거부하는 사람들이 하는 헛소리일 뿐이에요.

기타 페달 백신 거부자인 이탈리아 사람이 백신에 든 칩의 증거라며 사진 한 장을 제시한 적이 있어요. 2020년 12월에 마이크로칩 설계도를 SNS에 올렸지요. '백신 속에 든 전자 칩'이라고 제목을 달아서요. 전자 부품이 빼곡하게 들어 있는 게 진짜 마이크로칩 설계도처럼 보였어요. 몇 주 뒤에 진실이 밝혀졌어요. 그 설계도는 기타 페달의 전기 배선도였어요. 정확하게 말하자면, 보스라는 회사에서 생산한 Metal Zone MT-2라는 장치였죠. 이 장치는 기타리

백신은 똑똑해

스트들이 금속성 음을 내기 위해서 기타에 연결해서 쓰는 거예요.

음모론자 사람들이 왜 이런 짓을 할까요? 과학자와 정부를 믿지 않는 사람들이 있어요. 그들은 정부가 우리를 몰래 조종한다고 굳게 믿어요. 이런 사람들을 음모론자라고 불러요. 이번에는 음모론자들이 정부가 아니라 빌 게이츠를 공격 목표로 삼았어요. 빌 게이츠는 마이크로소프트의 창립자인데 엄청난 부자예요. 많은 사람이 부자들을 절대로 믿어서는 안 된다고 생각하지요.

몇 년 전, 빌 게이츠는 팬데믹에 맞설 준비를 해야 한다고 경고했어요. 음모론자들은 이게 우연이라고 생각하지 않아요. 그들은 빌 게이츠가 바이러스를 만들어 퍼뜨리고는 백신을 팔아서 돈을 버는 거라고 믿어요. 빌 게이츠는 컴퓨터 전문가이기도 해요. 그래서 음모론자들이 그가 아주 쉽게 전자 칩을 백신에 몰래 넣을 수 있다고 주장하는 거지요.

빌 게이츠는 백신을 팔지 않아요. 말라리아 예방 백신을 연구하는 기관에 수백만 달러를 기부한 일은 있어요. 코로나19 백신을 개발하는 데에도 어마어마한 돈을 썼어요. 그 일로 음모론자들의 의심만 샀지만 말이에요.

5 코로나19 백신을 맞으면 침팬지로 변하지 않을까요?

2020년 12월이 끝나갈 무렵 SNS에 아스트라제네카 백신에 대한 수상한 글이 올라왔어요. "이 회사가 백신을 만들기 위해 침팬지 바이러스를 이용했다. 이 백신을 맞은 사람들은 몸에서 털이 나고 침팬지처럼 걷기 시작했다. 그 사람들은 서서히 원숭이로 변하고 있다." 이런 내용이었지요.

가짜 뉴스 물론 말도 안 되는 이야기예요. 가짜 뉴스였어요. 아스트라제네카 백신에 침팬지 감기 바이러스를 이용한 것은 사실이에요. 이 바이러스가 코로나19 바이러스의 스파이크 단백질을 만드는 데 필요한 정보를 우리 세포에 전달하지만 그 바이러스가 여러분을 침팬지로 변하게 하지는 못해요. 감기에 걸리지도 않는걸요. 감기 바이러스가 해를 끼치지 못하도록 변형했으니까요. 이 가짜 뉴스는 금방 전 세계로 퍼져 나갔어요. 얼마 뒤부터는 아스트라제네카 백신에서 침팬지 세포가 발견되었다는 소문도 퍼지기 시작했어요. 이 소문도 가짜예요. 과학자들은 침팬지 똥에서 백신에 사용할 감기 바이러스를 추출했어요. 왝, 더러워라! 하지만 걱정하지 마세요. 백신에는 침팬지 세포가 전혀 들어 있지 않으니까요. 그리고 똥도 없어요!

아기 세포 코로나19 백신에는 아기 세포도 없어요. 이런 소문은 어디에서 퍼지기 시작했을까요? 백신을 만들기 위해서는 우리를 아프게 하거나 죽이는 바이러스가 필요해요. 과학자들이 이런 바이러스를 기르는데, 어떤 바이러스는 사람 세포에서만 잘 자라요. 그렇다고 살아 있는 사람을 이용해 바이러스를 기르는 건 아니에요!

1966년에 과학자들이 태아의 세포에서 바이러스를 기르기 시작했어요. 바이러스를 기르는 데 사용한 태아는 낙태를 통해서 엄마 몸 바깥으로 나와요. 낙태란 의사가 임신을 중단시키는 걸 말하지요. 과학자들은 합법적으로 기증받은 태아만 연구에 사용하는데 백신을 만들기 위해서 40년이 넘게 태아 세포에서 바이러스를 길렀어요. A형 간염, 수두, 광견병을 예방하는 백신, 그리고 홍역, 유행성 이하선염, 풍진을 예방하는 MMR 백신도 태아 세포에서 배양한 바이러스로 만들었어요. 바이러스를 백신에 넣기 전에 깨끗이 씻어요. 그러니까 백신에 인간 세포가 남아 있을지 모른다는 걱정은 하지 마세요.
mRNA 백신에는 바이러스가 없어요. 당연히 인간 세포도 없지요. 코로나19를 예방하는 바이러스 벡터 백신에도 인간 세포는 없어요.

할랄 이슬람교와 유대교도 코로나19 백신 접종을 승인했어요. 이슬람교도와 유대교도 중 일부가 백신을 꺼림직하게 여긴 것은 백신에 들어 있는 젤라틴 때문이에요. 젤라틴은 접착성 물질로 주로 돼지의 뼈와 피부에서 뽑아요. 이슬람교도와 유대교도는 돼지고기를 먹지 않아요. 하지만 젤라틴을 생산하는 데 쓰는 피부와 뼈는 깨끗하게 세척하고 처리해요. 그래서 이슬람 율법학자들이 코로나19 백신을 할랄로 인정했어요. 할랄은 이슬람 율법에 따라서 허용된 먹을 것과 쓰는 물건을 가리키는 말이에요. 유대교 랍비들은 입으로 삼키지만 않는다면 백신을 맞아도 된다고 했지요.

얼마나 알고 있나요?

문제 1 아스트라제네카와 얀센 백신에는 해를 끼치지 못하는 바이러스가 들어 있다. 다음 중 어느 것인가?
  A) 코로나19 바이러스   B) 독감 바이러스   C) 아데노바이러스

문제 2 얀센에서 만든 코로나19 백신은 에볼라 백신과 같은 방식으로 작용한다.
  A) 참   B) 거짓

문제 3 아무 효과도 없는 물질로 만든 가짜 백신을 무엇이라고 부르나?
  A) 속임수   B) 속임약   C) 소독약

문제 4 새로 개발한 백신은 세 단계의 시험을 거친다.
  A) 참   B) 거짓

문제 5 새로 개발한 백신의 사용을 승인하는 기관은?
  A) 식품의약품안전처   B) 질병관리청   C) 법무부

문제 6 우리 몸의 DNA에서는 날마다 수천 번씩 오류가 발생한다.
  A) 참   B) 거짓

문제 7 마이크로칩은 백신에 쏙 들어갈 수 있다.
  A) 참   B) 거짓

문제 8 백신 접종에 반대하는 사람들을 무엇이라고 부를까요?
  A) 백신 거부자   B) 허풍쟁이   C) 사기꾼

문제 9 아스트라제네카 백신에는 침팬지 세포가 들어 있다.
  A) 참   B) 거짓

문제 10 이슬람교는 코로나19 백신 접종을 허용하지 않는다.
  A) 참   B) 거짓

정답 1) C, 2) A, 3) B, 4) A, 5) A, 6) A, 7) B, 8) A, 9) B, 10) B

코로나19 백신이 일상을 돌려줄까요?

1 코로나19 백신에는 어떤 부작용이 있나요?

부작용이 없는 약은 없어요. 약에 부작용이 없으면, 효과도 없다. 의사들이 이런 농담을 할 정도지요. 백신도 마찬가지예요.

항체 백신을 접종하는 목적이 무엇일까요? 우리 면역계의 엉덩이를 걷어차서 깨우는 거예요. 우리 몸이라는 성을 지키는 기사들이 곧 다가올 침략자에 맞설 수 있도록 무장시키는 거죠. 정확하게 다시 말해 볼게요. 백신은 우리 몸이 항체를 생산하도록 해요. 항체는 우리 몸에 들어온 바이러스를 붙잡아 없애 버려요. 그동안 우리 몸은 기침부터 시작해 콧물을 흘리다가 열이 나지요. 바이러스는 열을 싫어해요. 그래서 외부 침략자를 감지하면 우리 몸에서 열이 나요.

백신을 맞아도 비슷한 증상이 나타나요. 근육통과 두통까지 겹쳐 마치 몸살을 앓는 것 같기도 하지요. 백신의 부작용 때문이에요. 이런 부작용은 정상이에요. 백신이 효과를 발휘하고 있다는 증거니까요. 그리고 주사 자체가 아프기도 하지요. 주사 맞은 곳이 붉게 변하고 살짝 부어오르기도 할 텐데, 걱정하지 마세요. 며칠 지나면 다 괜찮아져요.

모더나와 화이자 백신은 2차 접종 뒤에 이상반응이 자주 나타나고, 아스트라제네카 백신은 1차 접종 뒤에 자주 나타나요. 젊고 건강한 사람들이 나이가 든 사람들보다 이상반응을 심하게 겪어요. 나이가 들수록 면역계가 약해지기 때문이에요. 기사도 늙으면 가끔은 졸 수밖에 없지요.

혈전 아스트라제네카 백신과 얀센 백신을 맞은 뒤에 생기는 혈전도 괜찮을까요? 이 백신을 맞은 사람 400만 명 가운데 약 230명이 이런 부작용을 겪었어요. 아주 드문 일이죠. 주로 젊은 사람들한테서 이런 부작용이 나타났어요. 그래서 일부 유럽 국가들은 한동안 나이가 든 사람들한테만 아스트라제네카 백신을 접종하기로 결정했어요. 우리나라에서도 2021년 7월부터 50세가 넘은 사람한테만 아스트라제네카 백신을 접종하기로 했어요.

미래 백신 접종 부작용이 오래도록 이어지는 후유증을 남길까요? 그건 알 수 없어요. 아무도 미래를 볼 수는 없으니까요. 대신 과거는 들여다볼 수 있어요. 다른 백신 부작용은 오래가지 않았어요. 보통 며칠이나 몇 주가 지나면 증상이 사라졌어요. 몇 달이나 몇 년 동안 이어지는 부작용은 없었어요. 코로나19 백신만 특별히 다를 이유는 없어요.

코로나19 백신을 맞아서 오히려 코로나19에 걸릴 수도 있지 않느냐고요? 아니요, 그건 불가능해요. 살아 있는(하지만 약화시킨) 바이러스를 이용하는 백신들도 있어요. 그 바이러스가 병을 일으킬 수는 있는데, 그 가능성이 아주아주 적어요. 코로나19 백신 중에도 감기 바이러스를 이용한 것들이 있어요. 과학자들이 미리 병을 일으키지 못하도록 처리한 바이러스들이지요. 어쨌든 감기 바이러스가 코로나19를 일으킬 수는 없어요. mRNA 백신에는 바이러스가 전혀 들어 있지 않아요.

2 백신을 접종한 뒤에도 마스크를 써야 하나요?

백신을 맞았으니 집 밖으로 나가서 친구들도 만나고 마음껏 안아 주고 싶을 거예요. 그런 마음이 생기는 게 당연해요. 하지만 안타깝게도 그러면 안 돼요. 백신을 맞았어도 코로나19를 예방하는 규칙을 잘 지켜야 해요. 손도 자주 깨끗하게 씻어야 하고요. 왜 그럴까요?

2주일 백신 접종 뒤에도 코로나19에 걸릴 수 있어요. 바이러스를 옮길 수도 있고요. 그럴 가능성은 적지만, 그래도 조심해야 해요. 1차 접종을 한 뒤, 우리 몸이 항체를 생성하는 데 시간이 걸려요. 보통 10일에서 14일쯤 걸리지요. 1차 접종 뒤 2주일이 지나면, 백신의 예방 효과가 92퍼센트까지 올라가요. 2차 접종을 한 뒤 7일이 지나면 예방 효과가 95퍼센트가 되지요. 하지만 95퍼센트는 100퍼센트가 아니에요. 여전히 조심해야 해요.
며칠 전에 백신을 맞았는데 머리가 아프다고요? 열도 나고 근육통도 생겼다고요? 코로나19에 걸렸다고 섣부르게 판단하지 마세요. 아마 백신 접종 부작용일 거예요. 며칠 집에 머무르면서 잘 살펴보세요. 콧물이 줄줄 흐르고 기침이 나기 시작했나요? 냄새를 맡을 수도 없고요? 음식에서 아무 맛도 안 난다고요? 그렇다면 병원으로 가세요. 의사가 검사해 줄 거예요.

백신 접종 뒤에 몸에 아무 이상은 없는데 코로나19에 걸린 사람과 접촉했다고요? 아무래도 코로나19에 걸린 것 같다고요? 그렇다면 집에 머무르세요. 백신을 맞았어도 그래야 해요. 1주일이 지났는데 아픈 곳이 없다면, 바깥으로 나가도 돼요. 그렇지 않고 어딘가 아픈 것 같다면, 검사를 받으세요.

백신은 똑똑해

변이 영국 알파 변이, 남아공 베타 변이, 브라질 감마 변이, 인도 델타 변이. 여기저기서 코로나19 바이러스 변이들이 나타나고 있는데 어떻게 해야 할까요? 우리가 맞은 백신이 새로 나타난 변이 바이러스도 막아 줄까요? 과학자들이 꼼꼼하게 살피고 있어요. 지금까지 나온 연구에 따르면, 아직은 변이 바이러스들이 우리 면역계를 뚫지 못한대요. 다행히 변이 바이러스들의 변장 실력이 모자라서 우리 몸의 기사들을 속이지 못하는 거예요. 기사들이 침략자들을 완전히 성에서 몰아내지 못할 수도 있지만, 아직은 성이 안전해요. 기사들이 자기 임무를 잘 해내고 있는 거죠. 백신을 맞으면, 새로운 변이 바이러스에 감염되더라도 병원에 가야 할 만큼 아프지 않아요.

그런데 만약 새로운 변이가 나타나서 우리 몸의 기사들이 깜빡 속아 넘어가면 어떡하죠? 그러면 바이러스들이 제멋대로 돌아다닐 테고, 지금까지 나온 백신은 쓸모가 없어져요. 그럼 백신을 쓰레기통에 버려야 할까요?

코로나19를 예방하는 mRNA 백신과 바이러스 벡터 백신은 재빠르게 고쳐서 쓸 수 있어요. 면역계가 알아보지 못하는 새로운 변이 바이러스가 나타났다고요? 그렇다고 해서 그 바이러스를 길러서 백신을 만들 필요는 없어요. 그 바이러스의 RNA 정보를 알아내고, 그 정보를 지방 방울로 포장하거나 감기 바이러스에 넣어서 새로운 백신을 만드는 거죠. 이렇게 새로 만든 백신을 접종하면, 우리 몸의 기사들이 새로운 변이 바이러스를 물리칠 훈련을 하기 시작해요.

3 백신을 맞아도 코로나19에 걸릴 수 있나요?

코로나19 백신이 코로나바이러스 감염을 100퍼센트 막아 주지는 못해요. 1차 접종과 2차 접종 사이에도 코로나19에 걸릴 수 있어요. 아직 항체가 충분히 만들어지지 않았기 때문이지요.

얼마나 오래? 백신이 얼마나 오래 코로나19를 막아 줄까요? 아직은 알 수 없어요. 과학자들이 백신의 효과를 꼼꼼하게 관찰하고 있어요. 만약 백신의 효과가 2년 동안 지속되면, 그 기간에는 다시 백신을 맞을 필요가 없어요. 효과가 1년밖에 가지 않는다면, 1년 뒤에는 다시 백신을 접종해야 하지요. B형 간염 백신도 처음에는 효과가 얼마나 지속되는지 몰랐어요. 그래서 추가 접종을 했어요. 하지만 지금은 추가 접종을 하지 않아요. B형 간염 백신은 효과가 아주 좋아서 평생 우리를 보호한다는 걸 알았거든요.

과학자들이 코로나19 백신이 얼마나 오래 우리를 보호하는지 연구하고 있어요. 초기 연구에 따르면, 백신은 최소한 6개월 동안 효과가 있었어요. 하지만 효과를 관찰한 기간이 6개월밖에 안 돼요. 아마 백신 효과가 더 오래갈 수도 있어요. 코로나19에 걸렸다가 회복한 사람들은 8개월 동안 면역이 되었어요. 진짜 바이러스에 감염되었을 때에도 우리 몸에서는 항체가 만들어지니까요. 아마 백신도 최소한 그 정도 시간은 우리를 보호해 줄 거예요.

얼마나 천천히? 백신의 효과는 서서히 줄어들어요. 얼마나 천천히 줄어들까요? 상황에 따라서 달라요. 예를 들어 새로운 변이 바이러스가 얼마나 빠르게 나타나느냐에 따라서 달라지지요.

여러분이 코로나19에 걸렸다가 나았어요. 그래도 백신을 접종해야 할까요? 네, 그래야 해요. 코로나19와 싸우면서 우리 몸에서 만들어진 항체는 점점 줄어들어요. 약 8개월이 지나면 더는 우리를 보호하지 못해요. 게다가 코로나19에 걸린 사람들의 몸에 생기는 항체의 양이 똑같지도 않아요. 똑같이 바이러스에 감염되었는데, 왜 여러분은 아프고 친구는 멀쩡할까요? 아무도 정확한 답을 몰라요. 여러분의 면역계가 제대로 작동하지 않는지도 모르죠. 여러분 몸의 기사들이 게을러서 그런 일이 생긴 걸까요? 그럼 정신 차리라고 엉덩이를 걷어차 줘야죠. 그러니까 백신을 맞으세요.

실험실 1

4 모든 사람이 백신을 맞으면 어떻게 될까요?

백신을 접종했나요? 그럼 아마도 코로나19에 걸리지 않을 거예요. 코로나19에 걸리지 않으면 바이러스를 옮기지도 않아요. 백신 접종은 여러분 자신만 보호하는 게 아니에요. 다른 사람도 보호해요. 더 많은 사람이 백신을 맞을수록, 더 빨리 바이러스를 막아 낼 수 있어요. 그래야 다시 운동장에 가서 축구도 하고 수영장에도 갈 수 있어요. 할머니 할아버지도 만나러 가고요.

집단 면역 많은 사람이 백신을 맞지 않으면, 코로나19로 고생하는 기간이 늘어나요. 모든 사람이 백신 접종을 하지는 않을 거예요. 하지만 한 나라 사람의 80퍼센트에서 90퍼센트가 백신을 맞으면, 바이러스를 제어할 수 있어요. 집단 면역이 생기기 때문이지요.

집단 면역은 어떻게 작동할까요? 여러분 학급에 20명의 어린이가 있고, 그 가운데 18명이 백신을 맞았다고 해 봐요. 18명은 바이러스에 감염되지 않아요. 나머지 두 명은 감염될 수 있지요. 바이러스는 사람한테서 사람으로 퍼져요. 백신을 접종한 18명이 접종하지 않은 두 명을 둥그렇게 감싸면 어떻게 될까요? 그러면 바이러스가 두 명한테도 다가가지 못해요. 당연히 감염도 일어나지 않지요. 두 명이 바이러스를 퍼뜨릴 일도 없고요. 이런 방식으로 바이러스가 서서히 사라져요. 모두가 백신을 맞지 않아도 가능한 일이에요.

모든 사람이 백신을 맞으면 이런 과정이 더 빨리 일어나요. 그런데 왜 코로나19 백신을 의무적으로 접종하도록 법으로 정하지 않을까요? 법을 만드는 과정은 쉽지 않아요. 시간도 오래 걸려요.

백신은 똑똑해

아프리카 하지만 바이러스를 국경에서 막을 수는 없어요. 2021년 말까지 우리나라를 비롯한 부유한 나라에서는 집단 면역을 달성하기 위해 많은 사람이 백신을 접종했어요. 그렇지만 아프리카, 인도, 남아메리카 나라들의 백신 접종률은 낮아요. 인도에서는 2021년 4월에 바이러스가 다시 유행했어요. 그 직전에는 바이러스가 사라진 것처럼 보였어요. 인도 사람들은 코로나19 예방 규칙을 잘 지키지 않았어요. 게다가 백신을 접종한 사람이 너무 적어서 바이러스가 금방 다시 퍼진 거지요.

아프리카의 백신 접종률은 매우 낮아요. 아프리카에서 바이러스가 고삐 풀린 망아지처럼 돌아다니면, 전 세계가 위험해요. 아프리카에서 새로운 변이 바이러스가 나타나면, 곧바로 전 세계로 퍼져요. 사람들이 늘 여행하니까요. 코로나19를 물리치고 싶다면, 아프리카를 비롯하여 전 세계 사람들이 백신을 맞도록 도와야 해요.

5 코로나19 바이러스가 완전히 사라져 우리 생활이 이전으로 되돌아갈 수 있을까요?

바이러스는 보통은 완전히 사라지지 않아요. 2002년에서 2003년 사이에 중국에서 유행했던 SARS-CoV-1 바이러스(중증급성호흡기증후군을 일으키는 바이러스)는 다행히 잘 막아 냈어요. 하지만 이 바이러스에 감염된 환자는 채 1만 명이 안 되었어요. 지금 유행하는 코로나19 바이러스에 감염된 사람은 수억 명이 넘고, 모든 나라에 바이러스가 퍼졌어요. 이 바이러스의 유행을 막는 건 훨씬 더 힘들 거예요.

200년 소아마비 바이러스와 홍역 바이러스는 거의 사라졌어요. 백신 접종 덕분이지요. 홍역은 백신 접종이 잘 이루어지지 않는 나라나 지역에서 가끔 다시 고개를 내밀기도 해요. 천연두는 완전히 사라졌어요. 천연두 백신은 거의 모든 나라에서 의무적으로 접종해요. 우리가 천연두를 완전히 물리친 건 에드워드 제너가 백신을 발명하고 나서도 200년이 지난 뒤였어요.

코로나19 바이러스를 정복하는 데에도 200년이나 걸릴까요? 이미 백신이 있는데도 그렇게 오래 걸릴까요? 그건 예측할 수 없어요. 어쩌면 이 바이러스를 없애지 못할 수도 있어요. 우리 곁에 영원히 머물게 될 바이러스들이 있어요. 독감 바이러스나 감기를 일으키는 코로나바이러스가 그런 바이러스예요. 우리는 이런 바이러스와 함께 사는 방법을 찾아냈어요.

장기 체류자 더 많은 사람이 백신을 맞을수록 바이러스는 더 적게 퍼져요. 백

백신은 똑똑해

신을 접종했는데도, 코로나19에 걸렸다고요? 훨씬 덜 치명적인 코로나19에 걸린 거예요. 아마 지금 걸린 코로나19 때문에 목숨을 잃지는 않을 거예요. 어떻게 이런 일이 가능할까요? 백신 접종으로 이미 있던 바이러스는 잘 퍼지지 않아요. 바이러스가 침투할 숙주가 줄어드니까요.

새로운 변이 바이러스는 대개 이미 있던 바이러스보다 약해요. 더 잘 전파되어서 더 많은 사람을 감염시키지만, 감염된 사람들의 증상은 약해요. 코로나19 바이러스는 장기 체류자가 될 거예요. 독감이나 감기처럼 특히 추운 계절에 유행하겠죠. 코로나19에 걸려도 독감이나 감기에 걸렸을 때보다 더 아프지는 않을 거예요. 콧물을 흘리고 기침하고 열도 나겠죠. 침대에 누워 있어야 할지도 몰라요. 하지만 며칠이 지나면 깨끗이 나을 거예요.

하이 파이브 우리 생활은 천천히 이전으로 되돌아갈 거예요. 마스크를 쓰지 않고 학교에 가고, 버스와 전철에 타게 되겠죠. 운동장이나 공원에서 친구들과 마음껏 뛰어놀기, 엄마 아빠와 길거리를 걸으며 아이스크림 먹기, 악수와 입맞춤, 친구와 하이 파이브, 곧 옛날처럼 이런 일을 할 수 있을 거예요.

그렇게 되더라도 지금처럼 손은 자주 깨끗하게 씻으세요. 코로나19가 아니더라도 손 씻기는 중요하니까요. 놀이터에서 놀고 돌아왔을 때, 화장실에서 볼일을 보고 났을 때, 밥 먹기 전에 꼭 손을 씻으세요. 손 씻기는 박테리아와 바이러스를 막는 아주 좋은 방법이에요. 손을 씻어서 못된 녀석들을 하수구로 보내 버려요!

얼마나 알고 있나요?

문제 1 백신을 접종해도 코로나19에 걸릴 수 있다.
   A) 참   B) 거짓

문제 2 코로나19 백신은 우리를 바이러스부터 100퍼센트 완벽하게 보호한다.
   A) 참   B) 거짓

문제 3 백신 부작용은 접종하고 몇 년이 지난 뒤에 나타날 수도 있다.
   A) 참   B) 거짓

문제 4 과학자들은 새로운 변이 바이러스를 예방하는 코로나19 백신을 빨리 만들 수 있다.
   A) 참   B) 거짓

문제 5 코로나19 백신의 예방 효과는 평생 지속된다.
   A) 참   B) 거짓

문제 6 백신을 접종한 사람이 많아질수록, 바이러스는 더 적게 퍼진다.
   A) 참   B) 거짓

문제 7 코로나19에 걸렸던 사람은 백신을 맞을 필요가 없다.
   A) 참   B) 거짓

문제 8 모든 사람이 백신을 접종해야 바이러스가 퍼지는 것을 막을 수 있다.
   A) 참   B) 거짓

문제 9 손 씻기는 코로나19 바이러스를 예방하는 효과가 없다.
   A) 참   B) 거짓

문제 10 코로나19 바이러스는 우리 곁에서 영원히 함께 살게 될 수도 있다.
   A) 참   B) 거짓

정답: 1) A, 2) B, 3) B, 4) A, 5) B, 6) A, 7) B, 8) B, 9) B, 10) A

글 **마르크 판란스트**
열두 살 때 지하실에 실험실을 만들어 놓고 연구를 시작했습니다. 온갖 것에 관심을 보이다가 점차 바이러스와 박테리아에 집중하기 시작했으며 지금도 미생물의 매력에 빠져서 삽니다. 현재는 벨기에 루뱅의 가톨릭 대학교 미생물학과 면역학 교수이며 루뱅 대학병원의 바이러스학 연구소 소장으로 일합니다.

글 **헤이르트 바우카에르트**
작가이자 기자입니다. TV 드라마의 대본을 썼고, 대학에서 대본 쓰는 법을 가르치기도 합니다.

그림 **카팅카 판데르산더**
벨기에의 성 루카스 예술아카데미에서 일러스트레이션과 그래픽 디자인을 공부했습니다. 과학, 공학, 자연에서 받은 영감을 바탕으로 한 그의 작품은 세밀하고 풍부한 색채, 우스꽝스러운 캐릭터들이 인상적입니다.

옮김 **신동경**
어린이 논픽션 작가이자 번역가로 활동합니다. 쓴 책으로는 『단위가 사라졌다』, 『나는 138억 살』 등이 있고, 옮긴 책으로는 『얼음이 바사삭 그림 사전』, 『아침으로 곤충을』, 『손은 똑똑해』 등이 있습니다.

감수 **이재갑**
한림대학교 강남성심병원 감염내과 교수입니다. 에볼라, 메르스, 코로나19 같은 신종 감염병에 맞서 치료와 예방을 위한 활동을 국내와 해외에서 꾸준히 해 왔습니다. 의과대학의 교수이자 병원의 감염병 관리 실장으로 지내며, 많은 사람들이 감염병과 백신에 대해 올바로 알고 일상에서 대처할 수 있도록 알리는 일을 하고 있습니다. 함께 쓴 책으로『우리는 바이러스와 살아간다』, 『궁금해요 코로나19』가 있습니다.